CHRONIQUE

DU CRIME

ET

DE L'INNOCENCE.

IMPRIMERIE DE MARCHAND DU BREUIL,
rue de la Harpe, n. 90.

CHRONIQUE

DU CRIME

ET

DE L'INNOCENCE;

Recueil des Événemens les plus tragiques, Empoisonnemens, Assassinats, Massacres, Parricides, et autres forfaits, commis en France, depuis le commencement de la monarchie jusqu'à nos jours, disposes dans l'ordre chronologique, et extraits des anciennes Chroniques de l'Histoire genérale de France, de l'Histoire particulière de chaque province, des différentes Collections des Causes célèbres, de la Gazette des Tribunaux, et autres feuilles judiciaires

Par J.-B. J. CHAMPAGNAC.

Tout ce qui me fait peur m'amuse au dernier point
C. DELAVIGNE, *École des Vieillards*

Tome Deuxième.

Paris.

CHEZ MÉNARD, LIBRAIRE,

PLACE SORBONNE, N° 3

1833.

CHRONIQUE
DU CRIME
ET
DE L'INNOCENCE.

LA FEMME ADULTÈRE
ET COMPLICE DES ASSASSINS DE SON MARI.

Cette histoire tragique, qui occupa le parlement de Toulouse au commencement du dix-septième siècle, n'intéresse pas moins par la qualité des principaux coupables que par les circonstances qui l'accompagnèrent.

Il s'agit d'un religieux, le père Pierre-Arias Burdeus, augustin espagnol, docteur en théologie en l'université de Toulouse, long-temps renommé pour ses prédications et pour

sa piété, et de Guillaume de Gayraud, conseiller et magistrat présidial en la sénéchaussée de cette ville, vieillard sexagénaire, recommandable par une conduite intègre dans
l'exercice de son ministère et par une probité
exempte de reproche dans toutes les autres
actions de sa vie. Tous deux jouissaient de la
considération générale; et personne n'aurait
jamais pensé qu'il pût un jour en être autrement. Mais, comme le dit avec raison un ancien philosophe, nul, avant sa mort, ne peut
être réputé heureux. Une femme vint détruire
le bonheur et l'honneur de ces deux hommes
jusque là si estimables; elle les détourna du
sentier de la vertu et les conduisit en peu de
temps au crime et à l'échafaud.

Cette femme était portugaise; elle se nommait Violante du Château. Elle était venue
se fixer à Toulouse avec toute sa famille. Belle,
séduisante, artificieuse, elle fit l'épreuve de
ses charmes sur le religieux et le magistrat,
qui tous deux s'enflammèrent bientôt pour
elle d'une passion violente. Une circonstance
assez extraordinaire dans cette aventure,
c'est que les deux amans savaient qu'ils étaient
rivaux, et que, loin d'en concevoir de la jalou-

sie, ils semblaient vivre dans le meilleur accord, et ne manquaient pas de se concerter
pour assurer la fortune et le bonheur de la
personne qu'ils aimaient.

Dans cette vue, et sans doute aussi pour
mieux cacher cette double intrigue galante,
le conseiller Gayraud négocia le mariage de
la belle Portugaise avec un avocat de sa
connaissance, nommé Romain, habitant de
la petite ville de Gimont, située à dix lieues
de Toulouse. Le mariage étant stipulé, les
deux amans contribuèrent à former la dot de
la demoiselle; les noces furent célébrées, et
le mari se disposa à emmener sa femme dans
sa ville natale. On aurait bien voulu le retenir à Toulouse, en lui faisant espérer, en
lui promettant de l'emploi comme avocat
dans cette ville; mais, soit qu'il ne se sentît
pas capable de briller sur un aussi grand
théâtre, soit qu'il eût déjà quelque soupçon
de la conduite de sa femme, il persista dans
son dessein de retourner à Gimont, où il
jouissait d'ailleurs de toutes les commodités,
et comptait parmi les premiers de sa profession.

Cet arrangement était loin de faire le compte

de nos amoureux. En faisant ce mariage, qui devait, pour ainsi dire, leur servir de manteau, ils s'étaient imaginé qu'ils décideraient facilement l'avocat Romain à se fixer à Toulouse. Le refus obstiné de celui-ci renversa toutes leurs espérances de plaisir. On employa mille expédiens pour retarder le départ des deux époux ; mais, après bien des délais, ils partirent. Le conseiller Gayraud, comme ami du mari, les accompagna jusqu'à Gimont, et demeura avec eux environ un mois. La lune de miel, on n'aura pas de peine à le croire, ne fut pas de longue durée. La légèreté de Violante et son humeur altière ne tardèrent pas à blesser son mari ; elle ne parlait qu'avec mépris du séjour de Gimont, des parens et des propriétés de Romain ; en un mot, elle ne formait d'autre désir que de revenir à Toulouse. Le mari en conçut de la jalousie et du dépit ; il déclara formellement que son ménage ne quitterait pas Gimont, que la loi lui en donnait le droit, et qu'il entendait être le maître d'en jouir. Dès lors la mésintelligence éclata entre les deux époux sans espoir de raccommodement.

Le conseiller, qui avait été témoin de ces

scènes conjugales, retourna à Toulouse, le cœur tout navré d'avoir si mal réussi en faisant un tel mariage. Il alla trouver le religieux, l'entretint des ennuis, de la langueur de leur chère Violante, et surtout de la rudesse et de la sévérité du mari. Dès lors ces deux hommes, également passionnés, ne sont plus occupés que des moyens de délivrer cette femme de la servitude où elle languit. Le conseiller, malgré les glaces de l'âge, manifeste encore plus d'impatience, plus de chaleur que son rival ; il a vu ce que souffre leur bien-aimée ; il fait à chaque instant une peinture vive, animée de sa malheureuse situation ; il retrace, avec véhémence, les emportemens, la tyrannie de son mari. Ces entretiens exaltent leur imagination ; l'adultère, si fécond en crimes, leur inspire l'idée d'un meurtre : ils formèrent l'horrible projet de faire mourir Romain, comptant bien d'ailleurs sur l'assentiment de sa femme, qui avait dit au conseiller, avant son départ de Gimont, qu'elle avait la ferme volonté de secouer le joug à tout prix.

Il n'y avait plus qu'à opter entre le fer et le poison. Le conseiller fit observer que l'éloignement pouvait rendre difficile et dangereux l'usage du poison ; qu'il valait beaucoup mieux trouver un prétexte pour attirer Romain à Toulouse, et là le faire assassiner. Le religieux applaudit à cet infâme dessein, et remit sur-le-champ cent écus au conseiller pour payer les assassins.

Le conseiller Gayraud n'hésite pas dans l'exécution du projet. Il met dans sa confidence un jeune écolier de Toulouse, nommé Candolas, appartenant à une honnête famille, et un praticien nommé Esbaldit ; il les charge de trouver des gens de main pour commettre le crime, et leur délivre une partie de l'argent qu'il a reçu ; puis il écrit à Romain pour le presser de venir à Toulouse pour se charger d'une affaire qu'il disait devoir s'y juger.

Romain ajoute entièrement foi à la missive du conseiller ; il arrive à Toulouse, y reçoit les caresses empressées de tous les parens de sa femme, du religieux Burdeus, et principalement du conseiller Gayraud, qui le reçoit dans sa maison avec cérémonie, et fait préparer un festin splendide à l'occasion de son arrivée. Le religieux, Candolas, Esbaldit sont au nombre des convives. Après le souper, le père Burdeus se retire, les autres feignent d'aller faire un tour de promenade. Romain et le conseiller restent seuls. Ce dernier, pour faire passer la soirée et pour que les meurtriers eussent le temps de se réunir au lieu désigné pour le crime, se charge d'entretenir la conversation; et .quand il croit l'heure arrivée, il emmène Romain, sous le prétexte de faire un peu d'exercice, et le fait sortir par la porte de derrière de sa maison, qui était voisine de l'enclos du couvent des cordeliers, lieu très peu fréquenté. Les meurtriers apostés attendaient leur proie; ils s'élancent sur Romain et l'assassinent de dix-sept coups de poignard. Le conseiller feint que Romain et lui ont été attaqués par des voleurs, que ces voleurs lui ont enlevé sa bourse, et ont tué l'avocat, qui voulait faire résistance.

Sur cette annonce du conseiller, la nouvelle de cet assassinat parcourt aussitôt toute la ville. Les capitouls, accompagnés du guet, se rendent sur le lieu du crime. Mais en chemin ils rencontrent, courant de toutes ses forces, tout hors d'haleine, le praticien Esbaldit, qui fuyait après le coup. Cette fuite précipitée, à pareille heure, semble un indice suffisant;

on l'arrête prisonnier, et l'on fait transporter le corps de Romain à l'hôtel-de-ville.

Cependant le religieux, craignant que la détention d'Esbaldit ne fît découvrir ses complices, s'enfuit quelques jours après avec le jeune Candolas, et se retira d'abord à Tonmins, ville protestante, puis à Millhaud, de là à Nîmes.

Éclairé par la fuite du religieux, le parlement de Toulouse décréta de prise de corps le fugitif, et des prevôts furent envoyés à sa recherche. Le père Burdeus fut arrêté à Nîmes; mais les magistrats de la ville le réclamèrent, disant qu'il était de leur religion, que la connaissance du crime qu'on lui imputait appartenait à la chambre de l'édit à Castres, et non au parlement de Toulouse. On dépêcha un courrier au roi, avec la procédure, pour prononcer sur ce conflit, et par arrêt du conseil d'état la cause fut renvoyée au parlement de Toulouse. Les ministres protestans de Nîmes murmuraient contre cette décision, et disaient que c'était en haine de ce que le religieux s'était converti à leur religion qu'on voulait le faire mourir à Toulouse; mais le président de

la chambre de l'édit imposa silence à ces murmures, et, au nom de l'obéissance due aux
ordres du roi, il fit remettre Burdeus et Candolas entre les mains des prevôts envoyés de
Toulouse.

Ramené dans cette ville, le religieux subit les
interrogatoires d'usage, et l'on instruisit son
procès : mais les voix furent partagées lors du
jugement. Les uns le condamnaient à mort;
les autres voulaient surseoir le jugement jusqu'à ce que le jeune écolier Candolas eût été
appliqué à la question. Après quelques contestations, le premier avis fut adopté et l'arrêt
de mort prononcé. Alors le religieux confessa
son crime, désigna le conseiller Gayraud
comme en ayant été le principal instigateur
et en ayant dirigé l'exécution : puis, après avoir
manifesté un grand repentir de la part qu'il
avait prise à cette action abominable, il accusa
Candolas et Esbaldit de complicité. Quant aux
assassins dont on s'était servi, ils s'étaient tous
enfuis en Espagne.

Après ces révélations, Burdeus fut conduit
au supplice; en passant devant la porte du
couvent de son ordre, il s'arrêta, les yeux

pleins de larmes, pour exhorter ses confrères à une bonne et chrétienne vie, et il leur demanda pardon du scandale qu'il leur donnait. Lorsqu'il fut arrivé au lieu du supplice, il adressa à Dieu une longue et fervente prière. Après quoi, il fut décapité, et ses quatre membres coupés en quartiers.

Après cette exécution, qui eut lieu le 5 février 1609, le conseiller Gayraud, persévérant à se renfermer dans une dénégation absolue, fut appliqué à la question ordinaire et extraordinaire. Il subit la torture avec une constance inébranlable, sans que l'on pût arracher la vérité de sa bouche, jusqu'à ce que, le premier président l'ayant menacé de faire mettre aussi à la question son jeune fils âgé de dix-huit ou vingt ans, il s'écria alors que son fils n'était pas coupable, qu'il n'avait jamais rien su de ses affaires. La tendresse paternelle fut plus forte que la rigueur des tourmens; le malheureux conseiller s'accusa pour excuser son fils, qui était innocent, et avoua la vérité, conformément aux révélations de son complice Burdeus. En conséquence, il fut condamné au même supplice, ainsi que Candolas et Esbaldit. Le conseiller Gayraud subit son arrêt le 12 février, Candolas le 13, et Esbaldit le 14 du même mois.

Quant à la femme, auteur de tous ces malheurs, condamnée à la peine capitale, elle fut conduite à la mort le 16. Avant de subir son arrêt, elle adressa aux assistans une allocution si touchante, si empreinte d'un vrai repentir, que tout le monde fondait en larmes, en priant pour elle.

EXTRAIT DES FASTES

DU GIBET DE MONTFAUCON.

Montfaucon, éminence patibulaire très-renommée, est situé au-delà des faubourgs du Temple et Saint-Martin. Cette petite colline avait été choisie pour les exécutions, parce que autrefois l'usage était de les consommer sur des lieux élevés, pour que l'exemple fût vu de loin, et que la terreur du supplice dé-

tournât du crime ceux qui avaient du penchant à le commettre. De l'empressement que
montre la populace à voir exécuter des criminels, beaucoup de personnes concluent
qu'elle prend plaisir à voir répandre le sang.
Peut-être est-ce calomnier l'espèce humaine.
Saint-Foix donne une autre raison de cet empressement. « La populace, dit-il, est curieuse
de voir comment sont faits ces hommes dont
la sentence et les crimes deviennent pour elle
la nouvelle du jour et le sujet de sa conversation. Il n'y en a peut-être pas quatre, parmi
les spectateurs, qui ne détournent la vue, et
dont l'âme ne se sente attristée au moment où
le supplice commence. » Cela est si vrai, que
souvent on a vu la même multitude, après
avoir demandé à grands cris la mort d'un malheureux, fondre en larmes pendant toute la
durée de son supplice.

Montfaucon, suivant toutes les apparences,
a pris le nom qu'il porte encore aujourd'hui
d'un seigneur nommé Falco ou Faucon, qui
en était propriétaire, ainsi que des terres des
environs. L'opinion commune est que ce fut
Pierre de La Brosse, favori de Philippe-le-
Hardi, qui fit élever ce gibet; d'autres l'attri-

buent à Enguerraud de Marigny ou a Pierre Remy. Quoi. qu'il en soit, on y voyait encore du temps de la ligue une masse de pierres, accompagnée de seize piliers, où conduisait une rampe aussi de pierres, assez large, et qui se fermait avec une bonne porte. Cette masse était un parallélogramme haut de deux à trois toises, long de six à sept, large de cinq ou six, et composé de dix ou douze assises de gros quartiers de pierre, bien liés et bien cimentés. Les piliers étaient gros, carrés et chacun de trente-deux ou trente-trois pieds de hauteur. Pour joindre ensemble ces piliers, et pour y attacher les corps des suppliciés, on avait en-clavé dans leur chaperon deux gros liens de bois qui traversaient de l'un à l'autre et avaient des chaînes de fer d'espace en espace. Au mi-lieu était une cave pour recevoir les corps des suppliciés, lorsqu'ils tombaient en pièces ou que toutes les chaînes et les places étaient remplies.

Des noms célèbres ou fameux figurent parmi les victimes nombreuses qui vinrent finir leur existence à ce gibet.

Pierre de La Brosse, barbier et chirurgien de Saint-Louis, fut pendu à ce gibet en 1227.

Il était accusé d'avoir empoisonné Louis de France, fils aîné du roi et d'Isabelle d'Aragon.

On a vu à l'article de *Marie de Brabant* tous les détails relatifs à cette affaire. Le chroniqueur parisien pense que La Brosse était innocent, et qu'il mourut victime de la haine des princes qui ne pouvaient supporter à la cour un *riche vilain* comme l'était ce favori. Les ducs de Bourgogne et de Brabant, et Robert, comte d'Artois, assistèrent à son supplice.

Enguerrand de Marigny, dont nous avons raconté l'histoire, périt victime des intrigues du comte de Valois. Jean d'Asnières, fameux avocat de ce temps-là, proposa contre lui quarante-un chefs d'accusation. L'accusé demanda du temps et quelqu'un pour le défendre ; mais on lui en refusa tous les moyens, et, sans formalité ni justice, il fut condamné à être pendu ; et l'exécution eut lieu en 1315. On dit qu'il avait été un des restaurateurs du gibet de Montfaucon, où il fut attaché.

Henri Taperet, prevôt de Paris, fut pendu au même lieu en 1320, comme nous l'avons vu, pour avoir fait mourir un innocent qu'il substitua à un riche coupable, qui, pour ses crimes, avait été condamné au dernier supplice.

Gérard Guecte, Auvergnat de basse naissance, avait été employé dans les finances
sous le règne de Philippe-le-Long ; mais dès
que Charles-le-Bel fut parvenu à la couronne,
ce prince le fit enfermer dans la tour du Louvre,
comme ayant détourné les finances du trésor
royal. Il n'aurait pu éviter le dernier supplice,
mais on lui donna si violemment la question
qu'il expira au milieu des tortures. Son corps
fut traîné par les rues, et ensuite pendu à Montfaucon en 1322.

Jourdain de Lisle, l'un des plus grands
seigneurs de Gascogne, et, de son propre
aveu, l'un des plus grands scélérats, vint y
prendre place en 1323. On a vu plus haut son
histoire.

Pierre Remi, seigneur de Montigny, fut
accusé de malversations après la mort de
Charles-le-Bel, dont il avait été le principal
trésorier. Son procès lui fut fait, et il fut
condamné à être pendu par arrêt du parlement du 25 avril 1328 ; ce qui fut exécuté au
gibet de Montfaucon, qu'il avait fait réparer
peu de temps auparavant. Ainsi fut réalisée
la prédiction qu'on avait, dit-on, gravée sur

le principal pilier, et contenue en ces deux vers :

En ce gibet ici emmi
Sera pendu Pierre Remi.

Macé de Maches, trésorier changeur du trésor du roi, y fut aussi pendu en 1331, ainsi que Réné de Siran, maître des monnaies, en 1333.

Alain de Hourderie, chevalier, conseiller au parlement, fut pendu et étranglé au gibet de Montfaucon, en 1348, pour avoir enregistré une fausse déposition qu'il n'avait jamais ouie, et avoir falsifié et corrompu celles des témoins que véritablement il avait entendus, pour favoriser l'une des parties.

Jean de Montagu, déclaré coupable de lèse-majesté en 1409, fut condamné à être décapité dans les halles de Paris. Son corps fut porté à Montfaucon, et sa tête mise au bout d'une lance sous les piliers des halles.

Pierre des Essarts, prevôt de Paris sous le même règne, avait été auparavant grand-bouteiller en France, et avait eu la souveraine administration des finances. Personne, plus que lui, n'avait eu part aux bonnes grâces du duc de Bourgogne ; mais il les perdit tout-à-coup, et devint même l'objet de sa fureur. On l'accusa de tous les malheurs de ce temps-là, et il fut condamné à perdre la tête ; ce qui fut exécuté aux halles le 1er juillet 1413. Son corps fut porté à Montfaucon, où quatre ans auparavant il avait fait mettre celui de Montagu. Ainsi se réalisa la prédiction du duc de Brabant, qui deux ans auparavant, lui avait dit : « Prevôt de Paris, Jehan de Montagu a mis vingt-deux ans à soy faire couper la tête, mais vrayement vous n'y en mettrez pas trois. »

Olivier Ledain et Jean Doyac, qui avaient été favoris de Louis XI, furent, après la mort de ce prince, immolés à la vengeance publique. Olivier fut pendu à Montfaucon, Doyac fut fustigé par tous les carrefours de Paris, eut une oreille coupée, la langue percée avec un fer chaud aux halles, et fut conduit à Montferrand en Auvergne, où il eut le fouet et l'autre oreille coupée.

Jacques de Beaune, seigneur de Samblançay, surintendant des finances sous François Ier,

,fut pendu à Montfaucon le 14 août 1527 ; nos lecteurs connaissent son procès.

Le corps de l'illustre amiral de Coligny fut attaché au même gibet, après son assassinat, lors du massacre de la Saint-Barthélemy.

En 1476, Laurent Garnier de Provins, après avoir demeuré un an et demi attaché à Montfaucon, où, nonobstant sa grâce, il avait été pendu par arrêt du parlement, pour avoir tué un collecteur de tailles, fut dépendu à la sollicitation de son frère, mis dans un cercueil, et porté, avec tout l'appareil des pompes funèbres, par la rue Saint-Denis, jusqu'à la porte Saint-Antoine. De chaque côté marchaient douze hommes vêtus de deuil, les uns une torche à la main, les autres un cierge. Devant étaient quatre crieurs, faisant sonner leurs clochettes, portant toutes les armoiries du défunt : celui qui marchait à la tête du cortége criait à haute voix : « Bonnes gens, dites vos patenôtres pour l'âme de feu Laurent Garnier, en son vivant demeurant à Provins, qu'on a trouvé mort nouvellement sous un chêne : dites-en vos patenôtres : que Dieu bonne merci lui fasse. »

LES TROIS GUILLERIS.

Ce triumvirat de brigands fameux était composé de trois frères qui sortaient d'une maison noble de Bretagne. Après s'être signalés dans les guerres de la ligue, ils se firent voleurs de grands chemins, lorsque le calme fut rétabli en France. La terreur qu'ils inspiraient était si grande, qu'on n'osait approcher de leur repaire, à trente lieues à la ronde.

Ce qui les rendait si redoutables, c'est qu'ils avaient sous leurs ordres une troupe d'environ quatre cents hommes déterminés. Ils firent bâtir une forteresse sur le chemin de Bretagne en Poitou, pour leur servir de retraite. Ils faisaient des courses jusqu'en Normandie et à Lyon, affichant sur les arbres, le long de leur route, ces mots en gros caractères : *Paix aux gentilshommes, la mort aux prevôts et aux archers et la bourse aux marchands!*

Henri IV, instruit des brigandages qu'ils exerçaient et des forces qu'ils avaient à leur disposition, envoya Parabère avec cinq mille hommes pour assiéger leur forteresse et les exterminer. Ces bandits firent une résistance opiniâtre; on foudroya leur fort à coups de canon, et ils furent bientôt réduits aux abois. Le plus jeune des trois Guilleris, ayant voulu se faire jour à travers les assiégeans avec quatre-vingts hommes résolus, fut pris, livré au prevôt de Saintes et rompu vif.

Ses frères et leurs complices, ayant été dispersés, errèrent pendant quelque temps, cherchant à échapper aux poursuites dirigées contre eux. Enfin ils furent pris et exécutés en divers endroits. Cet événement, important pour la tranquillité de plusieurs provinces, et surtout pour la sécurité des voyageurs, eut lieu en l'année 1608.

Il serait facile de donner des pages entières de détails sur les expéditions des Guilleris. Mais de quel intérêt peut être le récit de brigandages faits de sang-froid, et regardés, par leurs auteurs, comme des spéculations de commerce? Si nous mentionnons dans notre recueil ces grands voleurs et quelques autres célèbres chefs de bandes¦, c'est seulement pour faire voir que nous ne les avons point omis, et que c'est avec intention que nous nous abstenons de narrer leurs faits et gestes.

HENRI IV ET SES ASSASSINS.

Si le meurtre de l'un de nos semblables nous inspire une juste horreur, quelque vulgaire que soit la victime, quelle ne doit pas être l'indignation des cœurs vertueux et des esprits éclairés, alors que le poignard de l'assassin attaque les jours d'un souverain dont l'existence est presque toujours si précieuse, puisque c'est sur elle que se fonde la tranquillité de tant de familles et la stabilité de tant d'intérêts divers ? Et quand le souverain immolé se trouve être un prince ami de son peuple et doué des plus heureuses qualités pour faire le bonheur de ses sujets ; quand ce prince est un Henri IV, est-il possible de rencontrer des expressions qui ne restent pas au-dessous de cet abominable parricide ?

Chose étrangement bizarre! les rois les plus despotes, les plus cruels, meurent paisiblement dans leur lit, et le monarque qui jouit parmi nous de la mémoire la plus populaire fut continuellement menacé du poignard des assassins! Il faut sans doute attribuer cette anomalie aux guerres de religion, qui enfantent le fanatisme, monstre capable des plus grands forfaits. Quoi qu'il en soit, Henri IV échappa seize fois au couteau de ses ennemis; il ne succomba qu'à la dix-septième.

« Ce serait, dit M. Dulaure, une histoire assez curieuse que celle de tous les projets d'assassinat tentés contre Henri IV : on y verrait figurer des moines, des prêtres, des cardinaux, des légats du pape, comme instigateurs et complices de ces crimes; il ne faudrait point omettre la tentative de Charles Ridicanne dit d'Avesne, moine jacobin, qui fut instigué à tuer Henri IV par Nicolas Malvesie, nonce du pape en Flandre. »

Nous ne parlerons ici que des deux fanatiques qui réussirent le plus dans leur exécrable entreprise, Jean Chastel et Ravaillac.

Il y avait environ neuf mois que Henri IV

s'était rendu maître de Paris; les habitans de cette ville, après les horreurs d'un long siége, commençaient à goûter les douceurs de la paix. Chaque jour apportait au roi de nouvelles soumissions de la part de différens chefs de la ligue. Tout présageait un avenir prospère, lorsque, le 27 décembre 1594, ce prince, revenant victorieux de Picardie, vint, tout botté, rendre visite à sa maîtresse, Gabrielle d'Estrées, qui demeurait à l'hôtel du Bouchage, situé près du Louvre, sur l'emplacement occupé actuellement par les bâtimens de l'Oratoire.

Plusieurs seigneurs s'y rendirent pour le saluer. Dans le moment où Henri IV se baissait pour relever un seigneur agenouillé devant lui, un jeune homme, qui s'était glissé dans la foule jusqu'auprès du prince, lui porta un coup de couteau; mais, par suite du mouvement que fit le roi en se baissant, le coup ne put l'atteindre qu'à la mâchoire supérieure, lui fendit la lèvre et lui brisa une dent.

Le roi crut d'abord que le coup partait de Mathurine, sa folle, qui se trouvait près de lui, et dit avec colère : *Au diable soit la folle; elle m'a blessé!* Mathurine se défendit et cou-

rut fermer la porte de la salle, afin de prévenir l'évasion de l'assassin. Alors le sieur de
Montigny saisit le jeune homme, en lui disant :
C'est par vous ou par moi que le roi a été
blessé.

Ce jeune homme fut fouillé sur-le-champ,
et l'on trouva sur lui le couteau dont il venait
de frapper le roi. Il avoua son crime sans hésiter. Il se nommait Jean Chastel, et était fils
d'un bourgeois de Paris. Le roi, naturellement
porté à la clémence, voulait lui pardonner ;
mais, instruit que l'assassin était élevé des
jésuites, auxquels il venait de rendre un grand
service, en suspendant l'arrêt du parlement
qui avait pour but leur expulsion du royaume,
il dit : « *Fallait-il donc que les jésuites fussent convaincus par ma bouche ?* »

Jean Chastel fut conduit aussitôt au Fort-
l'Évêque ; sa famille, tous les jésuites de
Paris, le curé de Saint-Pierre-des-Arcis furent
également arrêtés. Les scellés furent apposés
sur leurs papiers. On trouva chez le jésuite
Guignard des écrits séditieux.

Jean Chastel, dans ses interrogatoires, ne
chargea personne. Il déclara qu'il avait agi
de son propre mouvement ; qu'il n'avait été

poussé à cet assassinat que par son zèle pour la religion, parce qu'il était convaincu qu'il était permis de tuer les rois qui n'étaient pas approuvés par le pape.

Jean Chastel fut condamné au plus affreux supplice. Il fut tiré à quatre chevaux, après avoir été tenaillé. Au milieu de ses horribles tourmens, il ne lui échappa pas la moindre plainte, persuadé qu'il était que son supplice effacerait son crime et le conduirait au ciel. Les ligueurs en firent un martyr, et obtinrent que l'arrêt du parlement qui avait prononcé sa condamnation serait mis à l'*index* à Rome. Jean Boucher, curé de Saint-Benoît à Paris, composa un gros livre où il soutint que l'assassinat commis par Jean Chastel était une action héroïque.

Le parlement, afin de prouver son zèle pour la personne du roi, poussa la rigueur jusqu'à l'iniquité. Il condamna le jésuite Guignard à mourir sur la potence, son corps à être brûlé, et ses cendres à être jetées au vent; rien pourtant ne prouvait sa complicité avec Chastel. On ne pouvait alléguer que ses écrits pleins d'injures contre la plupart des rois de l'Europe ; mais ces écrits, restés manuscrits, devaient être regardés comme n'existant pas.

Le père de Jean Chastel, contre lequel ne s'élevait aucune charge, si ce n'est d'avoir été ligueur, fut condamné à être banni pendant neuf ans du royaume, à payer une forte amende et à voir sa maison démolie.

Par arrêt du 19 décembre 1594, les jésuites furent condamnés à sortir dans trois jours de Paris et dans quinze jours du royaume, *comme corrupteurs de la jeunesse, perturbateurs du repos public, ennemis du roi et de l'état.* Sur l'emplacement de la maison démolie du père de Jean Chastel, on érigea une pyramide commémorative du crime de Jean Chastel et de ceux des jésuites. Elle était située en face du Palais de Justice, vers la partie méridionale de la place semi-circulaire qui précède l'entrée de ce palais. Cette pyramide fut détruite après la rentrée des jésuites en France, qui eut lieu en 1603. Le P. Cotton, religieux de cet ordre, et confesseur du roi, en sollicita et en obtint la démolition, malgré la résistance du parlement.

Henri IV semblait avoir un secret pressentiment de la fin qui lui était réservée. Il reçut même plusieurs avertissemens à ce sujet. Les historiens contemporains rapportent que, six mois avant l'attentat de Ravaillac, le roi étant chez Zamet, après avoir dîné, se retira dans une chambre, disant qu'il voulait reposer. Il envoya chercher Thomassin, un des plus célèbres astrologues de ce temps, et l'interrogea sur plusieurs choses concernant sa personne et son état. Thomassin lui dit qu'il avait à se garder du mois de mai 1610, et alla même, dit-on, jusqu'à lui désigner l'heure et le jour qu'il devait être tué; mais le roi s'en moqua.

On voit dans les notes du *Journal* de l'Estoile, que la reine, peu de jours avant son couronnement, étant couchée dans son lit, auprès du roi, songea qu'on donnait un coup de couteau à son époux, et, s'étant éveillée en sursaut avec frayeur et trémoussement de tous les membres, le roi lui demanda qu'est-ce qu'elle avait; elle dissimula pendant quelque temps un songe si horrible; mais pressée par le roi de le lui déclarer, elle le fit; mais le roi n'en fit aucun cas.

Suivant Mezeray, un mois ou deux avant la mort du roi, coururent par toutes les

chambres du Louvre les quatre vers suivans,
qu'on disait être de Nostradamus :

Cinq décades et sept n'auront borné la course
Du grand lyon Cethe, qu'un jeune léonceau
Avec sa lyonne, ayant recours à l'ourse,
Fuitif de son rival, tranchera le fuseau.

Nous ne rapporterons pas tous les présages et avertissemens prophétiques qui précédèrent l'assassinat de Henri IV. L'astrologie, qui était encore fort à la mode, devait multiplier ces sortes d'horoscopes, et ne rien négliger pour les accréditer. Les esprits étaient d'ailleurs bien préparés à digérer semblable pâture, et s'en repaissaient avec délices. Ces détails appartiennent à l'histoire des mœurs, et ne sont pas déplacés ici. Voici ce que dit dans le même sens le journaliste l'Estoile : « Le vendredi 14 du mois de mai (1610), jour triste et fatal pour la France, le roi, sur les dix heures du matin, fut entendre la messe aux Feuillans. Au retour, il se retira dans son cabinet, où le duc de Vendôme, son fils naturel, qu'il aimait fort, vint lui dire qu'un nommé La Brosse, qui faisait profession d'astrologie, lui avait dit que la constellation sous

laquelle sa majesté était née la menaçait
d'un grand danger ce jour-là ; ainsi qu'il l'a-
vertit de se bien garder : à quoi le roi répondit en riant au duc de Vendôme : *La Brosse
est un vieil matois qui a envie d'avoir de votre
argent ; et vous un jeune fol de le croire :
nos jours sont comptés devant Dieu ;* et, sur
ce, le duc de Vendôme fut avertir la reine,
qui pria le roi de ne pas sortir du Louvre
le reste du jour : à quoi il fit la même réponse.

« Après le dîner, le roi s'est mis sur son
lit pour dormir ; mais, ne pouvant recevoir
de sommeil, il s'est levé triste, inquiet et rê-
veur, et a promené dans sa chambre quelque
temps, et s'est jeté derechef sur le lit ; mais,
ne pouvant dormir encore, il s'est levé et a
demandé à l'exempt des gardes quelle heure
il était. L'exempt lui a répondu qu'il était
quatre heures, et a dit : Sire, je vois vôtre majesté triste et toute pensive ; il vaudrait mieux
prendre un peu l'air, cela la réjouirait.—C'est
bien dit : eh bien ! faites apprêter mon carrosse, j'irai à l'Arsenal voir le duc de Sully,
qui est indisposé, et qui se baigne aujour-
d'hui.

« Le carrosse étant prêt, il est sorti du Louvre accompagné du duc de Montbazon, du duc d'Espernon, du maréchal de Lavardin, Roquelaure, La Force, Mirebeau et Liancourt, premier écuyer..... Le carrosse était malheureusement ouvert de chaque portière, parce qu'il faisait beau temps, et que le roi voulait voir en passant les préparatifs qu'on faisait dans la ville (pour le couronnement de la reine). Son carrosse entrant de la rue Saint-Honoré dans celle de la Ferronnerie, trouva d'un côté un chariot chargé de vin, et de l'autre côté un autre chargé de foin, lesquels faisant embarras, il fut contraint de s'arrêter, à cause que la rue est fort étroite par les boutiques qui sont bâties contre la muraille du cimetière des Innocens.

« Dans cet embarras, une grande partie des valets de pied passa dans le cimetière pour courir plus à l'aise, et devancer le carrosse du roi au bout de ladite rue. Des deux seuls valets de pied qui avaient suivi le carrosse, l'un s'avança pour détourner cet embarras, et l'autre se baissa pour renouer sa jarretière, lorsqu'un scélérat sorti des enfers, appelé François Ravaillac, natif d'Angoulême, qui avait eu le temps pendant cet embarras de remarquer le côté où était le roi, monte sur la roue dudit carrosse, et, d'un couteau tranchant des deux côtés, lui porte un coup entre la seconde et la troisième côte, un peu au-dessus du cœur, qui a fait que le roi s'est écrié : *Je suis blessé*. Mais le scélérat, sans s'effrayer, a redoublé, et l'a frappé d'un second coup dans le cœur, dont le roi est mort, sans avoir pu jeter qu'un grand soupir : ce second a été suivi d'un troisième, tant le parricide était animé contre le roi, mais qui n'a porté que dans la manche du duc de Montbazon.

« Chose surprenante, nul des seigneurs qui étaient dans le carrosse n'a vu frapper le roi ; et si ce monstre d'enfer eût jeté son couteau, on n'eût su à qui s'en prendre ; mais il s'est tenu là comme pour se faire voir et pour se glorifier du plus grand des assassinats. Les seigneurs ont été bien empêchés, les uns pour assister le roi, et les autres pour se saisir du parricide. Icelui pris et mis en sûreté, ils ont tâché d'apaiser le grand tumulte causé parmi le peuple par la croyance que le roi était mort..... »

Saint-Michel, l'un des gentilhommes du roi, poussé par un juste ressentiment, avait

déjà mis l'épée à la main pour tuer le meurtrier; mais le duc d'Espernon, se ressouvenant
du déplaisir qu'il avait eu et du blâme qu'on
avait donné avec raison à ceux qui tuèrent
Jacques Clément après la mort de Henri III,
cria à Saint-Michel et au valet de pied qui
avait la même pensée, qu'il y allait de leur
vie s'ils touchaient à ce malheureux. On remit donc Ravaillac entre les mains de la justice; on le conduisit d'abord à l'hôtel de Retz,
et ensuite à la conciergerie.

Ce Ravaillac descendait, par les femmes,
de Poltrot de Méré, assassin du duc François de Guise, si l'on en croit Estienne Pas-
quier; il était fils d'un praticien d'Angoulême,
dont il avait suivi quelque temps la profession. Puis, ayant pris l'habit religieux chez les
Feuillans, il s'était fait chasser du cloître peu
après, par ses visions et ses extravagances;
accusé d'un meurtre, sans pouvoir en être
convaincu, il échappa au châtiment. Sa misère le réduisit à faire le métier de maître
d'école à Angoulême. Les excès, les libelles et
les sermons des ligueurs, avaient depuis long-
temps dérangé son imagination, et lui avaient
inspiré une grande aversion pour Henri IV.

Quelques prédicateurs, trompettes du fanatisme, enseignaient alors publiquement qu'il était permis de tuer ceux qui mettent la religion catholique en danger, ou qui font la guerre au pape. Ravaillac, né avec un caractère sombre et atrabilaire, s'imbut avidement de ces principes abominables. Au seul nom de huguenot il entrait en fureur. Il prit la résolution exécrable d'assassiner le roi, que son imagination exaltée lui montrait comme un fauteur de l'hérésie. Il partit d'Angoulême six mois avant son crime, « dans l'intention, disait-il, de parler au roi, et de ne le tuer qu'autant qu'il ne pourrait pas réussir à le convertir. » Il se présenta au Louvre sur le passage du roi à plusieurs reprises, fut toujours repoussé, et s'en retourna ; il vécut quelque temps moins tourmenté par les visions qui l'agitaient. Mais vers Pâques, il fut tenté avec plus de violence que jamais d'exécuter son dessein. Il revint à Paris, vola dans une auberge un couteau qu'il jugea propre à son exécrable projet, et s'en retourna encore. Étant près d'Étampes, il cassa entre deux pierres la pointe de son couteau, dans un moment de repentir, la refit presque aussitôt, regagna Paris, suivit le roi

pendant deux jours; enfin, toujours plus affermi dans son dessein, il l'exécuta le 14 mai
1610

Son procès ayant été instruit, il fut condamné à être écartelé sur la place de Grève. Il
soutint constamment dans tous ses interrogatoires qu'il n'avait point de complices. Les
deux docteurs de Sorbonne qui l'assistaient à
la mort ne purent rien arracher de lui. Ayant
demandé l'absolution à l'un d'eux avant
d'expirer, le docteur la lui refusa, à moins
qu'il ne voulût déclarer ses complices et ses
fauteurs. Ravaillac lui répondit qu'il n'en avait
point; et le confesseur ayant répliqué qu'il ne
pouvait l'absoudre, Ravaillac demanda l'absolution sous condition, c'est-à-dire au cas
qu'il dît la vérité. « Je le veux bien, dit le
prêtre, mais, si vous mentez, au lieu d'absolution, je vous prononce votre damnation. »

Le peuple, au commencement de l'exécution, lui avait refusé le *Salve regina*, en
criant: « Il ne lui en faut point..... Il est
damné..... » Pendant l'exécution, un des chevaux qui le démembraient ayant été recru,
un homme qui était près de l'échafaud descendit de celui qu'il montait pour le mettre à

la place, afin de le mieux déchirer. «Aussitôt qu'il fut mort, dit l'Estoile, le bourreau, l'ayant démembré, voulut en jeter les quartiers au feu ; mais le peuple se ruant impétueusement dessus, il n'y eut fils de si bonne mère qui ne voulût avoir sa pièce, jusqu'aux enfans, qui en firent du feu au coin des rues. Quelques villageois même ayant trouvé le moyen d'en avoir quelques lopins, les brûlèrent dans leur village. »

Ravaillac était âgé d'environ trente-deux ans lors de son exécution, qui eut lieu le 27 mai 1610.

Les historiens, pour trouver des complices à Ravaillac, se sont lancés dans le vaste champ des conjectures. Plusieurs seigneurs de la cour furent nommément calomniés. La société des jésuites ne fut pas non plus épargnée. Il faut se défier de ces accusations dénuées de preuves. Voici de sages réflexions de Voltaire qui s'adaptent très-bien à notre sujet. « Il n'est que trop vrai, dit-il, qu'il suffit d'un fanatique pour commettre un parricide, sans aucun complice. Damiens n'en avait point; il a répété quatre fois, dans son interrogatoire, qu'il n'a commis son crime que par principe de religion. Je puis dire qu'ayant été autrefois à portée de connaître les convulsionnaires, j'en ai vu plus de vingt capables d'une pareille horreur, tant leur démence était atroce! La religion mal entendue est une fièvre que la moindre occasion fait tourner en rage.

« Le propre du fanatisme est d'échauffer les têtes. Quand le feu qui fait bouillir les cervelles superstitieuses a fait tomber quelques flammèches dans une âme insensée et atroce ; quand un ignorant furieux croit imiter saintement Phinée, Aod, Judith et leurs semblables, cet ignorant a plus de complices qu'il ne pense. Bien des gens l'ont excité au parricide sans le savoir. Quelques personnes profèrent des paroles indiscrètes et violentes ; un domestique les répète, il les amplifie, il les *enfuneste* encore, comme disent les Italiens ; un Chastel, un Ravaillac, un Damiens les recueillent : ceux qui les ont prononcées ne se doutent pas du mal qu'ils ont fait ; ils sont complices involontaires ; mais il n'y a eu ni complot ni instigation. En un mot, on connaît bien mal l'esprit humain, si l'on ignore que le fanatisme rend la populace capable de tout. »

M. de Chateaubriand, à l'occasion du crime de Ravaillac, appelle les régicides *ces envoyés secrets de la mort qui mettent la main sur les rois*. « Ces hommes, dit-il, surgissent soudainement, et s'abîment aussitôt dans les supplices : rien ne les précède, rien ne les suit ; isolés de tout, ils ne sont suspendus dans ce monde que par leur poignard ; ils ont l'existence même et la propriété d'un glaive ; on ne les entrevoit un moment qu'à la lueur du coup qu'ils frappent. Ravaillac était bien près de Jacques Clément : c'est un fait unique dans l'histoire, que le dernier roi d'une race et le premier roi d'une autre aient été assassinés de la même façon, chacun d'eux par un seul homme, au milieu de leurs gardes et de leur cour, dans l'espace de vingt-un ans. Le même fanatisme anima les deux assassins ; mais l'un immola un prince catholique, l'autre un prince qu'il croyait protestant. »

DIABLERIE ET MAGIE.

On publia à Paris, en 1615, un livret intitulé : *Histoire épouvantable de deux magiciens étranglés par le diable, à Paris, pendant la semaine sainte.* Ce qu'il y avait de certain dans ces histoires, c'est qu'au mois de
mars 1615, deux hommes, nommés César et
Ruggieri, qui se donnaient pour magiciens à
Paris, moururent de mort violente à quelques
jours l'un de l'autre. Il est à présumer que
les auteurs de ces meurtres avaient quelque
intérêt à les commettre, et peut-être furent-ils
les premiers à faire circuler le bruit que ces
deux malheureux avaient péri victimes du
diable. Cette merveilleuse aventure n'eut pas
de peine à s'emparer de la crédulité des esprits ignorans, capables de croire à la magie.

Le magicien César faisait, disait-on, tomber à sa volonté la grêle et le tonnerre, avait
un esprit familier, et un chien qui portait ses
lettres et lui en rapportait les réponses ; il fit

une image de cire, ou *volt*, pour faire mourir
en langueur un gentilhomme dont il croyait
avoir à se plaindre ; il composait des philtres
pour que les jeunes gens pussent se faire aimer
des jeunes filles ; il allait, disait-il, au sabbat,
et se vantait d'y avoir obtenu les faveurs d'une
grande dame de la cour. Ses vanteries et ses
promesses magiques le firent renfermer à la
Bastille, où, suivant la croyance d'alors, le
diable vint avec un grand bruit l'étrangler
dans son lit, le 11 mars 1615.

Ce César faisait métier de montrer le diable aux dupes qui payaient pour le voir. Nos
lecteurs apprendront sans doute avec plaisir
comment cet imposteur s'y prenait pour faire
voir le diable et sa cour aux gens crédules.
Nous empruntons ces détails à M. Dulaure,
qui les a tirés d'un auteur contemporain. Cet
auteur fait parler ainsi César, auquel il donne
le nom de *Perditor* : « Vous ne croiriez pas
combien il y a de jeunes courtisans et de jeunes *Sérapiens* (Parisiens) qui m'importunent
de leur faire voir le diable. Voyant cela, je me
suis avisé de la plus plaisante invention du
monde pour gagner de l'argent : à un quart
de lieue de cette ville (vers Gentilly, je pense),

j'ai trouvé une carrière fort profonde, qui a de longues fosses à droite et à gauche. Quand quelqu'un vient voir le diable, je l'amène là-dedans; mais avant d'y entrer il faut qu'il me paie pour le moins quarante-cinq ou cinquante pistoles; qu'il me jure de n'en parler jamais; qu'il me promette de n'avoir point de peur; de n'invoquer ni les dieux, ni les demi-dieux, ni de prononcer aucune sainte parole.

« Après cela, j'entre le premier dans la caverne; puis, avant de passer outre, je fais des cercles, des fulminations, des invocations, et récite quelques discours composés de mots barbares, lesquels je n'ai pas plus tôt prononcés, que le sot curieux et moi entendons remuer de grosses chaînes de fer et gronder de gros mâtins. Alors je lui demande s'il n'a point de peur. S'il me dit qu'oui, comme il y en a quelques-uns qui n'osent passer outre, je le ramène dehors; et, lui ayant fait passer ainsi son importune curiosité, je retiens pour moi l'argent qu'il m'a donné.

« S'il n'a point de peur, je m'avance plus avant en marmottant quelques effroyables paroles. Étant arrivé à un endroit que je connais, je redouble mes invocations, et fais

des cris comme si j'étais entré en fureur. Incontinent, six hommes, que je fais tenir dans
cette caverne, jettent des flammes de poix-
résine devant, à droite et à gauche de nous.
A travers les flammes, je fais voir à mon curieux un grand bouc chargé de grosses chaînes
de fer peintes de vermillon, comme si elles
étaient enflammées ; à droite et à gauche, il
y a deux gros mâtins à qui on a mis la tête
dans de longs instrumens de bois, larges par
le haut, fort étroits par le bout ; à mesure que
ces hommes les piquent, ils hurlent tant qu'ils
peuvent, et ce hurlement retentit de telle
sorte dans les instrumens où ils ont la tête,
qu'il en sort un bruit si épouvantable dans
cette caverne, que certes les cheveux m'en
dressent à moi-même d'horreur, quoique je
sache bien ce que c'est. Le bouc, que j'ai dressé
comme il convient, fait de son côté, en re-
muant ses chaînes, en branlant ses cornes, et
joue si bien son personnage, qu'il n'y a personne qui ne crût que ce fût un diable. Mes
six hommes, que j'ai fort bien instruits, sont
aussi chargés de chaînes rouges et vêtus
comme des furies. Il n'y a point là-dedans

d'autre lumière que celle qu'ils font par intervalle avec la poix-résine.

« Deux d'entre eux, après avoir fait extrêmement les diables, viennent tourmenter
mon misérable curieux avec de longs sacs
de toile remplis de sable, dont ils le battent
tant par tout le corps, que je suis peu après
contraint de le traîner dehors de la caverne
à demi mort. Alors, comme il a un peu repris
ses esprits, je lui dis que c'est une dangereuse
et inutile curiosité de vouloir voir le diable,
et je le prie de n'avoir plus ce désir, comme
je vous assure qu'il n'y en a point qui l'aient,
après avoir été battus en diable et demi. »

L'autre magicien, nommé Ruggieri, Flo-
rentin de nation, était abbé de Saint-Mahé,
et avait la réputation d'empoisonneur. Il demeurait chez un maréchal de France. Quatre
jours après la mort de César, il fut, dit-on,
assailli par le diable, avec un tintamarre ef-
froyable, et étranglé pendant la nuit.

Toutes ces absurdités étaient reçues chez
les courtisans et chez les bourgeois de Paris
comme des vérités incontestables.

MARIE COGNOT,

OU LA MÈRE INDIGNE DE L'ÊTRE.

La plupart des mères regarderont comme incroyable l'histoire de Marie Cognot; elles ne sauraient trouver dans leur cœur de raisons, même spécieuses, pour s'expliquer la conduite de celle qui donna le jour à cette intéressante délaissée. Comment une mère peut-elle repousser de son sein l'être qui lui doit l'existence, qui réclame, à juste titre, le doux nom de son enfant? Nous leur répondrons avec Boileau, et dans l'intérêt de ce récit:

Le vrai peut quelquefois n'être pas vraisemblable.

Joachim Cognot, médecin, épousa, en 1589, à Bar-sur-Seine, Marie Nassier. Il était déjà avancé en âge, et sa femme n'avait que vingt-neuf ans. Plusieurs enfans naquirent de ce mariage; mais tous moururent, excepté le dernier, qui se nommait Claude.

Le médecin Cognot alla, en 1597, à Fontenai-le-Comte, en Poitou; deux ans après sa femme vint l'y joindre, et y donna le jour, après une grossesse de sept mois, à une fille qui fut nommée Marie.

Marie fut baptisée sous les noms du père et de la mère. Mais le vieux mari s'étant imaginé que cet enfant n'était pas de lui, la pauvre petite reçut la malédiction paternelle presque en naissant. Cognot médita le projet de se débarrasser le plus tôt qu'il le pourrait de la présence importune de cette petite fille, qui lui rappelait un souvenir pénible.

Étant donc venu à Paris en 1601, avec sa femme et Marie, Cognot jugea que l'immensité de cette ville serait favorable à son dessein. En effet, à peine arrivé, il fit mettre Marie dans une hotte, et la conduisit au faubourg Saint-Marceau, chez la femme d'un serrurier. Cognot ayant fait marché pour la pension de l'enfant, paya le premier mois d'avance, et dit à la femme à qui il la confiait qu'elle avait trois ans, qu'elle se nommait Marie; mais il ne parla pas de son nom de famille.

On conçoit que des soupçons jaloux puissent amener un père à une semblable démarche : mais au moins devait-il éprouver quelques obstacles de la part de la mère, qui ne pouvait avoir les mêmes craintes. Point du tout, la femme de Cognot, qui préférait son fils Claude à sa fille Marie, n'eut point à se faire violence pour adhérer au projet de son mari ; cependant, soit curiosité, soit retour de tendresse, elle voulut la revoir presque au bout d'une année ; et, sans se faire connaître, elle se présenta chez la serrurière, et revit son enfant ; mais, comme elle se sentit trop attendrie, elle n'y retourna plus. Touchant exemple de sensibilité maternelle !

La jeune Marie, en grandissant, devint très-raisonnable, et ne donnait que de la satisfaction à la serrurière ; mais celle-ci ne sachant plus à qui s'adresser pour le paiement de sa pension, et manquant de ressources pour elle-même, plaça Marie à l'hôpital de la Trinité.

Peu d'années après, les mauvais parens de cette malheureuse fille furent punis de leur injustice dénaturée par la mort de Claude, leur fils chéri ; toutefois cette perte ne les disposa pas plus favorablement pour Marie ; au contraire, car ils se firent une donation mutuelle de tous leurs biens.

Cependant le vieux Cognot s'était fait une brillante renommée comme médecin. La reine Margueritte, fille de Henri II, se l'attacha, et il acquit en peu d'années une fortune considérable.

. Quatorze années s'étaient déjà écoulées depuis que la serrurière n'avait revu Cognot, lorsqu'un jour, étant allée au faubourg Saint-Germain voir la femme d'un vannier qu'elle connaissait, pendant qu'elle causait sur le pas de la porte, elle vit passer un homme qui lui parut être le même qui lui avait amené la pauvre Marie. La physionomie de Cognot était assez remarquable pour que la serrurière ne pût pas s'y méprendre, quoiqu'elle ne l'eût vu qu'une seule fois. « Connaissez-vous cet homme qui passe? dit-elle à sa commère. — Si je le connais ! répondit l'autre, c'est le sieur Cognot, médecin de la Charité, qui demeure tout auprès. » Sur ce, la serrurière raconta l'histoire de Marie, et dit qu'elle l'avait retirée depuis peu de l'hôpital de la Trinité, pour la placer chez un maître écrivain.

Retournée au faubourg Saint-Marceau, la serrurière alla au couvent des cordelières, où elle trouva le moyen d'envoyer chercher le médecin Cognot pour une religieuse qui était malade. Cognot vint; sa serrurière l'attendait à sa sortie; dès qu'elle le vit: « Monsieur, lui dit-elle, vous m'avez donné une fille à nourrir, il y a treize à quatorze ans, ne voulez-vous pas la reprendre et me payer sa nourriture? » Cognot, étonné d'abord de cette apostrophe inattendue, reprit bientôt son aplomb, et lui dit que celui qui portait la hotte était le père de l'enfant. Ayant ensuite appris de la serrurière que Marie était malade chez l'écrivain où elle était placée, il alla la voir deux fois.

Cognot raconta cette aventure à sa femme; et la serrurière étant venue quelques jours après à leur maison pour réclamer son paiement, le médecin lui dit d'amener Marie avec elle; ce qu'elle ne manqua pas de faire. Alors la mère ayant demandé à la serrurière ce que *cette fille* (comme si ce n'était pas la sienne) pouvait gagner par an, la femme lui répondit qu'elle n'était pas venue pour louer cette jeune personne, mais bien pour la rendre à ceux qui la lui avaient donnée à nourrir.

Enfin la serrurière, voyant qu'elle ne pou-

vait parvenir à se faire payer, assigna le médecin par-devant le bailli de Saint-Germain.
Étourdi de cette assignation, et redoutant une
esclandre qui aurait pu nuire à sa réputation,
Cognot passa sur-le-champ avec cette femme
une transaction dans laquelle il énonçait que,
quoiqu'il ne fût point père de la nommée Marie,
comme le sieur Boulet, serrurier, et sa femme
ne connaissaient que lui pour avoir accompagné (ce qui se fit par hasard) celui qui la leur
avait apportée dans une hotte, lui demandaient
à cet effet la nourriture et l'entretien de cet
enfant pendant environ quatorze ans, il voulait bien consentir, *par charité* et sans en être
tenu, à prendre cette fille à son service; et
que, pour éviter un procès à cette occasion,
il consentait à payer quatre cents livres.

Voilà donc la fille de la maison devenue
servante. Il est juste, toutefois, de dire qu'elle
était la première commensale du logis paternel, qu'elle avait l'honneur de manger à la table des maîtres. Marie vécut ainsi pendant huit
années. Son père mourut en 1625, à l'âge de
quatre vingt-six ans, léguant à Marie Croissant
(c'est le nom qu'on lui avait donné comme servante) une somme de six cents livres. La mère

soutint toujours son rôle, et maria Marie, comme sa filleule, à un homme d'une honnête condition.

Un jour, Marie Cognot feuilletant avec sa mère les papiers de son père, il lui tomba sous la main une lettre qui fixa son attention. Cette lettre était de sa mère même; elle finissait par ces mots : « *Ayez soin de notre petite Marie; je lui fais des mouchoirs et des tabliers.* » Marie voulut cacher cette lettre dans sa poche; mais la mère, s'en étant aperçue, usa d'autorité pour se faire rendre cette lettre. « Je vois bien à présent, lui dit Marie, que je suis votre fille. » Puis se jetant toute en pleurs aux genoux de sa mère : « Je vous en conjure, lui dit-elle en sanglottant, avouez-moi que je suis votre fille, que je puisse vous donner le doux nom de mère; je vous promets que je ne le dirai à personne. » Cette scène avait remué un instant les entrailles de la mère; mais, reprenant bientôt le dessus, elle dit tranquillement à Marie, en lui reprenant la lettre, qu'ayant été si long-temps sans la reconnaître, elle était obligée, pour son honneur, de la désavouer, et que c'était d'ailleurs l'avis de son confesseur!

La veuve Cognot se remaria bientôt après avec un ci-devant élu à Reims, qui n'avait pas de fortune et beaucoup d'enfans. Marie profita de cette circonstance, et renouvela ses instantes sollicitations pour se faire reconnaître, mais ce fut inutilement; sa mère n'avait pas un cœur ordinaire.

Enfin Marie fut obligée de plaider pour se faire réintégrer dans ses droits. Le bailli de Saint-Germain, devant qui l'affaire fut portée, condamna la dame Cognot à reconnaître Marie pour sa fille, et à lui faire partage des biens de son mari décédé. Cet arrêt fut confirmé par le parlement, et s'il ne rendit pas à Marie l'affection bien peu regrettable d'une mère qui avait été si égoïste, si dénaturée à son égard, du moins il lui fit restituer son nom et ses biens, qui étaient menacés de devenir la proie d'enfans étrangers.

MEURTRE

DU MARÉCHAL D'ANCRE,

ET PROCÈS INIQUE DE SA FEMME.

Il est peu d'exemples de l'instabilité des choses humaines et des étranges caprices de la fortune qui soient plus frappans que celui que nous offre l'histoire du maréchal d'Ancre et de sa femme. Tous deux étaient venus en France en 1600 avec la reine Marie de Médicis. Concini, d'abord gentilhomme ordinaire de cette princesse, parvint assez rapidement à la plus haute faveur, par l'immense crédit de sa femme, Léonore Galigaï, fille de la nourrice de la reine. Il devint successivement marquis d'Ancre, premier gentilhomme de la chambre, gouverneur de Normandie. Il obtint la dignité de maréchal de France, sans avoir tiré l'épée, et devint ministre, sans connaître les lois du royaume; ses richesses, sa puissance, son ton fier et superbe excitèrent la jalousie et les ressentimens des plus grands seigneurs de la cour. Concini leva sept mille hommes pour maintenir, contre les mécontens, l'autorité royale, ou plutôt celle qu'il exerçait au nom du roi.

Dans ces circonstances, un jeune gentil-homme du comtat d'Avignon est introduit à la cour : il plaît à Louis XIII, alors âgé de seize ans et demi, se rend nécessaire à ce prince en s'occupant de ses amusemens, et parvient à lui persuader qu'il est seul capable de gouverner son royaume, que sa mère le hait, que Concini le trahit. Ce jeune gentil-homme, connu sous le nom de Luynes, em-poisonna toutes les actions du maréchal, et fit consentir le roi à le faire assassiner.

Louis XIII, déjà surnommé *le Juste*, ap-prouva l'idée de ce meurtre, et l'on désigna les assassins. L'un d'eux, l'Hôpital-Vitry, lui demanda son épée de la part du roi, et, sur son refus, le fit tuer à coups de pistolet sur le pont-levis du château, le 24 avril 1617. La reine partagea la disgrâce de son favori ; elle fut emprisonnée dans ses appartemens, dont on mura les portes du côté du jardin, et bien-tôt on l'envoya prisonnière à Blois.

Le cadavre du maréchal, enterré sans cérémonie, fut exhumé par le peuple ameuté, et traîné dans les rues jusqu'au bout du Pont-Neuf. On le pendit par les pieds à l'une des potences qu'il avait fait dresser pour ceux qui parleraient mal de lui. Après l'avoir traîné à la Grève et en plusieurs autres endroits, on le coupa en pièces. Chacun voulait avoir quelque chose du *juif excommunié.* C'était le nom que lui donnait cette troupe de bêtes féroces. Ses oreilles, surtout, furent achetées chèrement, ses entrailles jetées dans la rivière, et ses restes sanglans brûlés sur le Pont-Neuf, en face de la statue de Henri IV. Le lendemain on vendit ses cendres à raison d'un quart d'écu l'once. La rage de ces cannibales était telle que, pour en donner une juste idée, on rapporte qu'un homme arracha le cœur de la victime, le fit cuire sur des charbons, et le mangea publiquement.

Mais ce meurtre épouvantable ne comblait pas tous les vœux du nouveau favori. Luynes résolut aussi la perte de la maréchale. Dévorant déjà en espérance les grands biens du mari et de la femme, il fit saisir Éléonore Galigaï, qui fut conduite à la Bastille, et de là transférée à la Conciergerie. Luynes fit aussi donner ordre au parlement d'instruire le procès du maréchal assassiné et de sa malheureuse veuve. Pour le maréchal, son corps ne pouvait pas se retrouver. Il n'était pas non plus facile de trouver de quoi juger à mort la maréchale; elle avait été à la vérité comblée des bienfaits de la reine; elle était insolente dans sa fortune et bizarre dans son humeur, mais, suivant la remarque de Voltaire, « pour ces défauts on n'a jamais fait couper la tête à personne. »   .

On fut obligé de lui faire un crime d'avoir écrit quelques lettres de compliment à Madrid et à Bruxelles; mais cette imputation ne suffisant pas encore, on l'accusa de magie. On croyait alors à ces sortes d'accusations autant qu'aux articles de foi.

Ses juges lui demandant comment elle avait ensorcelé la reine, elle leur fit cette belle réponse: *Par le pouvoir qu'ont les âmes fortes sur les âmes faibles.*

La maréchale avait fait venir d'Italie un médecin juif, nommé Montalto : elle avait même eu la scrupuleuse attention d'en demander la permission au pape. Les médecins de Paris n'étaient pas alors en grande réputation d'habilété. On prétendit que le juif Montalto était magicien, et qu'il avait sacrifié un coq blanc chez la maréchale. Cependant il ne put la guérir de ses vapeurs, qui devinrent si fortes qu'au lieu de se croire sorcière elle se crut ensorcelée. Marie de Médicis lui ayant dit que le dernier cardinal de Lorraine, atteint de la même maladie, s'était fait exorciser par des moines de Milan, elle avait eu la faiblesse de faire venir deux de ces exorcistes milanais, qui disaient des messes aux Augustins, pour la vaporeuse maréchale, et qui l'assurèrent qu'elle était guérie.

Les juges la questionnèrent sur la mort de Henri IV; on lui demanda si elle n'en avait point eu connaissance; pourquoi elle avait dit auparavant qu'il arriverait incessamment de grands changemens dans le royaume; et pourquoi elle avait empéché de rechercher les auteurs de l'assassinat. Elle satisfit à toutes ces questions, en niant certains faits, en expliquant les autres; de manière qu'il ne put rester aucun soupçon à cet égard, ni contre elle, ni contre la reine, que l'on voulait inculper de ce crime.

On passa légèrement sur ce qui aurait dû faire l'objet principal du procès, c'est-à-dire que l'on s'occupa à peine des grands biens dont elle jouissait, et des concussions de son mari. On en vint enfin à l'accusation de magie. D'abord les imputations qu'on lui faisait à ce sujet lui parurent si puériles, qu'elle ne put s'empêcher de rire au nez des juges. Mais lorsqu'elle vit qu'on y attachait la plus grande importance, elle reconnut que sa perte était jurée, et pleura amèrement.

Des deux rapporteurs qui instruisaient le procès, l'un était Courtin, vendu au nouveau favori, et qui sollicitait des grâces; l'autre etait Deslandes Payen, homme intègre, qui ne voulut jamais conclure à la mort, ni même consentir à ne pas se trouver au jugement. Cinq juges s'absentèrent; quelques-uns opinaient pour le seul bannissement; mais Luynes intrigua, sollicita avec tant d'ardeur, que la majorité lui fut acquise, et que l'arrêt de mort de la maréchale fut prononcé. Ce jugement, digne du dixième siècle, tant il montre de barbarie, fut rendu, le 8 juillet 1617, devant des gens de tout état qui étaient venus pour examiner sa contenance. Elle voulut

s'envelopper de ses coiffes ; mais on la força
d'écouter à visage découvert la lecture de son
arrêt de condamnation. Elle y était déclarée
coupable de lèse-majesté divine et humaine ; il
y était dit, qu'en réparation de ses crimes, sa
tête serait séparée de son corps sur un échafaud dressé en place de Grève ; que l'un et
l'autre seraient brûlés, et les cendres jetées
au vent.

Elle fut traînée au supplice, dans un tombereau, comme une femme de la lie du peuple, à travers une populace nombreuse qui
gardait le silence, et semblait avoir oublié sa
haine. Peu occupée de cette foule, la maréchale ne parut pas déconcertée de ses regards, ni de la vue des flammes du bûcher où
son corps allait être bientôt consumé. Intrépide, mais modeste, elle mourut courageusement, sans bravade et sans frayeur, au milieu
des larmes du peuple, dont son malheur et l'a-
vide cruauté de ses ennemis avaient changé les
sentimens.

Concini et sa femme avaient un fils et une
fille ; celle-ci mourut peu de temps après le
meurtre de son père. Le fils, enveloppé dans
la sentence rendue contre sa mère, et dégradé

dc sa noblesse, se retira à Florence, où il jouit, loin des orages des cours, de cent quarante mille écus de rente que son père avait placés dans cette ville.

La catastrophe qui précipita les Concini du faîte des grandeurs où ils s'étaient élevés de si bas, prouve la coupable et servile complaisance que des juges peuvent avoir pour l'autorité souveraine qui distribue les faveurs et les grâces, et les honteux sacrifices qu'ils font quelquefois à un vil intérêt. Certes, le maréchal, par son ambition, par son insolence avec les grands, avait mérité une disgrâce, et sa femme avait sans doute partagé ses torts; mais on voulait leur place et leurs biens. On assassina le mari et l'on brûla la femme comme sorcière; quelle justice!

LE PARRICIDE DE CHATEAU-RENARD.

Jamais les droits de la puissance paternelle ne furent si bien reconnus que dans l'ancienne Rome. Aussi le parricide y fut-il long-temps inconnu et toujours fort rare. Par une loi de Romulus, le père avait sur ses enfans légitimes le droit de vie et de mort, et pouvait les vendre comme esclaves quand il le jugeait à propos. Cette loi, qui d'ailleurs avait de graves inconvéniens, fut adoptée par les décemvirs, qui l'insérèrent dans la loi des douze tables. Ainsi le fondateur de Rome ne mit point de bornes à l'empire des pères sur leurs enfans : quelque âge qu'ils eussent, et à quelque dignité qu'ils fussent élevés, ils étaient toujours soumis aux châtimens que leurs pères voulaient leur infliger. Ceux-ci pouvaient les frapper, les enchaîner, les envoyer en cet état à la charrue, les déshériter, les vendre comme esclaves et même les faire mourir. Cette puissance fut un peu tempérée par Numa Pompilius. On croit néanmoins que le droit de vie et de mort fut conservé aux pères jusque sous l'empire d'Adrien et même jusqu'à Dioclétien. Mais l'empereur Constantin, sous lequel ce pouvoir n'existait plus, plaça le père meurtrier de son fils au nombre des parricides.

Quant à la peine imposée aux parricides, la loi des douze tables avait ordonné que le coupable eût la tête voilée, fût cousu dans un sac de cuir et jeté dans la rivière. Cette peine fut augmentée dans la suite. On fouettait le coupable jusqu'au sang ; puis on le cousait dans un sac de cuir, dans lequel on renfermait avec lui un chien, un coq, une vipère et un singe ; on les jetait ensuite à la mer. Si l'on n'était pas à portée de la mer, on le livrait aux bêtes féroces ; tant était grande l'horreur qu'inspirait un enfant osant attenter à la vie de celui de qui il tenait la sienne.

Au commencement du dix-septième siècle, Château-Renard, petite ville du Gâtinais, fut témoin d'un forfait de ce genre. Un avocat avait un fils âgé d'environ dix-huit ans, dont l'éducation avait été fort négligée, et que l'on avait habitué à ne faire que ses volontés. La conduite de ce jeune homme était fort déréglée, il ne fréquentait que des vagabonds ou des désœuvrés ; il ne voulait se livrer à aucun genre d'occupations utiles ; ses parens ne pouvaient jamais savoir à quoi il passait la plus grande partie de son temps. Son père était désolé; l'avenir de cet enfant l'effrayait; il maudissait la coupable indulgence qu'il avait eue si long-temps pour lui, et dont maintenant il recueillait les fruits amers.

Un soir le jeune homme rentre au logis fort tard, selon son habitude. Son père veut lui adresser quelques remontrances sur son inconduite; au lieu de l'écouter avec respect, il demande impérieusement à souper. « Tu peux, lui dit son père, aller chercher à souper à l'endroit d'où tu reviens si tard. — Je veux à souper, répond le jeune homme en colère, je souperai ici, et malgré vous. » Le père, irrité de cette impudence, hors de lui, prend un bâton, et frappe l'insolent; mais ce fils dénaturé, sans avertissement, sans menaces, se saisit d'une épée, en porte un coup à son père, et le tue sur la place.

La justice fut bientôt informée de cet horrible attentat, qui remplit en un instant de stupeur toute la ville de Château-Renard. Le criminel fut arrêté au moment où il disposait tout pour fuir. Le maréchal de Châtillon, François de Coligny, après les informations et procédures nécessaires, fit condamner le parricide à être lacéré tout vif par la populace, afin d'inspirer la terreur aux enfans capables d'offenser leurs parens. Cette sentence fut exécutée.

ATROCE ABSURDITÉ DE LA TORTURE.

« La torture, dit Beccaria, est souvent un sûr moyen de condamner l'innocent faible, et d'absoudre le scélérat robuste. C'est là ordinairement le résultat terrible de cette barbarie que l'on croit capable de produire la vérité, de cet usage digne des cannibales, et que les Romains, malgré la dureté de leurs mœurs, réservaient pour leurs seuls esclaves, pour ces malheureuses victimes d'un peuple dont on a trop vanté la féroce vertu.

« Le résultat de la question est une affaire

de tempérament et de calcul, qui varie dans chaque homme, en proportion de sa force et de sa sensibilité; de sorte que pour prévoir le résultat de la torture il ne faudrait que résoudre le problème suivant , plus digne d'un mathématicien que d'un juge : *La force des muscles et la sensibilité des fibres d'un accusé étant connues, trouver le degré de douleur qui l'obligera de s'avouer coupable d'un crime donné.* »

La philosophie et l'humanité ont fait triompher cette vérité dans le siècle dernier , et le règne de Louis XVI vit la torture abolie en France, et pour jamais.

Des milliers d'innocens ont péri victimes de ce supplice anticipé. Nous allons citer deux faits qui confirmeront pleinement l'assertion de Beccaria.

Au commencement du dix-septième siècle, deux jeunes gens d'une ville du midi de la France étaient liés de la plus étroite amitié. L'un des deux devient éperdument amoureux d'une jeune personne de la même ville ; il sollicite sa main ; les parens lui répondent qu'elle est promise, et que le mariage de leur fille doit se faire sous peu de jours. Le jeune homme est atterré de cette réponse qui renverse tous ses rêves de bonheur ; il s'abandonne au dés-espoir. Sa tête se perd ; son ami fait de vains efforts pour adoucir son chagrin. Aucune raison, aucun motif de consolation ne peut calmer cette imagination en délire. La plus sombre mélancolie succède aux transports du premier moment. Puisque celle qu'il adore ne pourra jamais lui appartenir, il ne voit plus de bonheur possible pour lui sur la terre..... il médite sa propre destruction.

Un peu rassuré par son calme apparent, son ami s'applaudissait de le voir revenir à des sentimens plus raisonnables. Mais le jour fatal fixé pour le mariage de celle qu'il aime arrive ; il n'en était pas prévenu. Les deux amis causaient paisiblement à une fenêtre ; le joyeux cortége de la mariée passe..... L'infortuné ! il a vu, il a reconnu, sous sa robe encore virgi-nale, celle qui va devenir l'épouse d'un autre, celle qui occupe toutes ses pensées ; il jette un cri de douleur, se précipite sur l'épée de son ami et se perce de plusieurs coups sans que celui-ci puisse l'en empêcher. Il tombe dans son sang, et meurt en peu d'instans.

A cet affreux spectacle, le malheureux ami

est frappé de terreur; dans son trouble, il tire son épée toute sanglante des mains inanimées du cadavre, et, sans réflexion, sort précipitamment de là maison, tenant cette arme à la main. Son désordre, ses yeux hagards, cette épée teinte de sang, fixent l'attention. Qn l'arrête sur-le-champ; on entre dans la maison d'où on l'a vu sortir; on trouve le corps du jeune homme percé de plusieurs coups. On en conclut que celui qui a pris la fuite est l'assassin.

Soit que cet homme fût trop troublé pour pouvoir se justifier, soit qu'on ne voulût pas l'entendre, on l'entraîne à la prison comme un criminel. Le juge le fait appliquer à la question; vaincu par la douleur, il avoue qu'il a assassiné son ami; on ne cherche pas d'autres preuves; le malheureux, victime de son amitié, meurt sur la roue.

Cependant son innocence ne tarda pas à être mise au grand jour. En faisant des recherches dans les papiers du jeune homme que l'on croyait mort victime d'un assassinat, on trouva une lettre cachetée, écrite par lui tout récemment et adressée à ses parens, dans laquelle il leur annonçait que, ne pouvant plus supporter une existence qui lui était à charge, il était déterminé à la quitter ; en terminant, il leur demandait pardon, et les priait d'accueillir ses derniers adieux et de le plaindre.

La découverte d'un semblable document aurait dû briser le cœur du juge qui avait prononcé la sentence de mort, et le faire gémir toute sa vie sur l'iniquité de la torture.

L'autre fait est tiré du recueil d'arrêts d'Annœus Robert, et n'est pas moins concluant.

Une femme veuve ayant disparu tout-à-coup du village d'Icci où elle demeurait, sans être aperçue dès lors dans aucun lieu du voisinage, le bruit courut qu'elle avait péri par la main de quelque scélérat, qui avait secrètement enseveli son cadavre pour mieux cacher son crime. Le juge criminel de la province ordonne des perquisitions. Ses agens aperçurent par hasard un homme caché dans des broussailles ; il leur parut effrayé et tremblant ; ils s'en saisirent, et sur le simple soupçon qu'il était l'auteur du crime, on le déféra au présidial de la province. Cet homme parut supporter courageusement la torture ; mais apparemment par pur désespoir, et las de la vie, il finit par se reconnaître coupable du meurtre. Sur ses aveux, mais sans autres preuves, il fut condamné et puni de mort. .

Deux ans après son supplice, la femme que l'on croyait morte, et qui n'était qu'absente, revint au village. La voix publique s'éleva contre les juges. Ils avaient condamné le prévenu comme il n'arrive que trop souvent, sans avoir auparavant fait constater l'homicide. De telles horreurs, commises au nom de la justice, font frissonner de terreur et d'indignation.

ASSASSIN

CONDAMNÉ SUR LA DÉPOSITION D'UN AVEUGLE.

Un Italien de la ville de Lucques, ayant fait un commerce assez considérable en Angleterre, où il avait fixé son séjour depuis plusieurs années, réalisa la petite fortune qu'il avait amassée, et prit la résolution de retourner dans sa ville natale. En conséquence, il écrivit à Lucques qu'on lui préparât une maison, et qu'il comptait aller l'habiter dans six mois pour le reste de ses jours.

Mais le destin en avait décidé autrement. Peu de temps après, il quitte l'Angleterre, accompagné d'un domestique français. Il débarque en France, passe par Rouen, où il fait quelque séjour, et prend la route de Paris. Étant sur une montagne près d'Argenteuil, un orage éclate, nos voyageurs s'arrêtent. Le domestique profite du moment où la route est solitaire, il assassine son maître, s'empare de ses papiers et de ses effets, et jette son corps tout palpitant encore dans les vignes voisines. Un aveugle, conduit par son chien, passe en cet endroit, entend une voix plaintive, demande ce qui est arrivé. Le valet lui répond tranquillement que c'est un homme malade qui va à ses affaires. L'aveugle ne fait pas d'autres questions et poursuit son chemin. Le valet, de son côté, se rend à Paris, muni des papiers de son maître, et se fait payer des billets et des lettres de change tirées sur cette ville.

Cependant les parens de l'homme assassiné, étonnés de ne pas le voir arriver, inquiets de ne pas recevoir de ses nouvelles, envoient un homme de confiance à sa recherche. Celui-ci se rend à Londres, où il apprend que celui qu'il cherche est allé à Rouen. Dans cette dernière ville, on lui dit qu'il est parti pour Paris. Enfin, après bien des démarches infructueuses, l'envoyé porte sa plainte au parlement de Normandie.

Sur cette plainte, on fait les perquisitions les plus minutieuses dans la ville de Rouen et dans les lieux circonvoisins. On s'informe avec soin de tous les étrangers nouvellement arrivés à Rouen. Au bout de quelques jours, on découvre le nom et la demeure d'un marchand établi tout récemment. Le lieutenant criminel, pour s'assurer de la personne de ce nouveau venu, et se procurer un prétexte de le constituer prisonnier, fait supposer une obligation par laquelle ce marchand s'engageait par corps à payer une somme de deux cents écus dans un temps fixé. Le temps expire, on fait au marchand sommation de payer ; il répond que l'obligation est fausse et refuse de l'acquitter ; il est arrêté.

Le marchand ne se voit pas plus tôt en prison, que l'inquiétude s'empare de lui ; il demande avec anxiété si cette prétendue obligation est l'unique motif de son arrestation. Le lieutenant criminel, instruit de cette particularité, se fait amener le prisonnier, et l'interroge avec douceur , après avoir invité le greffier à se retirer ; il lui avoue que l'obligation qui a servi de prétexte à sa détention était supposée, mais qu'il savait qu'il était l'assassin du marchand lucquois, et qu'il tient les preuves du crime entre ses mains ; qu'au surplus, comme ce marchand était étranger , cette affaire pouvait s'arranger avec de l'argent.

Le prisonnier, qui n'était pas préparé à cet interrogatoire, répondit que, puisqu'il ne s'agissait que de donner de l'argent, il avouait le crime qu'on lui imputait.

Le lieutenant criminel appelle incontinent le greffier, somme le prisonnier de répéter l'aveu de son crime, et lui fait lever la main pour prêter serment. Mais celui-ci, revenu de son premier trouble, proteste que l'accusation portée contre lui est l'œuvre de la plus insigne calomnie.

Rentré dans sa prison , il prend l'avis des autres prisonniers , et, sur leur conseil, il interjette appel de son emprisonnement, prend à partie le lieutenant criminel, et s'inscrit en faux contre l'obligation. Par suite de cette démarche, le parlement suspendit la procédure.

Néanmoins, l'avocat-général avait fait prendre des informations le long de la route de Rouen à Paris. Le juge d'Argenteuil lui apprit que depuis plusieurs mois on avait trouvé dans les vignes les restes d'un cadavre, ce dont il avait fait dresser procès-verbal. L'avocat-général en demanda copie, et pendant qu'on la faisait l'aveugle dont on a parlé plus haut vint dans l'hôtellerie demander l'aumône. Il raconta ce qu'il avait entendu sur la montagne, et assura qu'il reconnaîtrait la voix qui lui avait parlé.

Cet indice éveille l'attention. L'aveugle est conduit à Rouen ; on amène devant lui le prisonnier ; mais, pour s'assurer que la prévention n'aurait aucune part dans la déposition de l'aveugle, on ne les fait point parler en présence l'un de l'autre. On éloigne l'aveugle après que le prisonnier eut eu le temps de le considérer suffisamment ; puis on demande à celui-ci s'il avait quelque chose à dire au sujet de l'aveugle. Le prisonnier se plaignit qu'on ne procédât contre lui que par artifice, alléguant qu'il était contraire à toutes les règles de la justice d'employer le témoignage d'un aveugle pour acquérir la conviction d'un fait qui ne pouvait être constaté que par des témoins oculaires.

Cependant on fait parler, devant l'aveugle, une vingtaine de personnes successivement. Il ne reconnaît point la voix qu'il a entendue sur la montagne d'Argenteuil. Enfin on fait parler le prévenu, et l'aveugle le reconnaît aussitôt. La même épreuve, renouvelée trois fois, produit toujours le même résultat.

Ces indices parurent suffisans aux juges, qui condamnèrent le domestique, assassin de son maître, au supplice de la roue.

Le condamné, avant d'expirer, confessa publiquement son crime.

VANINI,

BRULÉ VIF, A TOULOUSE, COMME ATHÉE.

Il serait difficile d'établir exactement le nombre des victimes de la sottise et de la superstition. Le plus souvent ces deux fléaux,

agissant contre des masses, ont poursuivi par
le fer et par le feu l'extermination des sectes
qui leur étaient contraires ; d'autres fois elles
se sont attachées à des opinions individuelles,
et les ont persécutées avec autant de zèle et
et de furie, en les revêtant des noms de magie,
de sorcellerie et d'athéisme. Pau vre humanité!

Vanini, né dans le pays d'Otrante, en 1585,
s'appliqua avec ardeur à la philosophie, à la
médecine, et à l'astrologie judiciaire. Après
avoir achevé ses études à Padoue, il fut ordonné prêtre et se livra à la prédication, puis
le désir de s'instruire lui fit entreprendre
plusieurs voyages. Il alla successivement en
Hollande, à Genève, à Lyon, à Londres, et
se fit partout des ennemis, en argumentant
violemment contre les docteurs de ces divers
pays. Il subit même à Londres une détention de quarante-neuf jours, et on le relâcha
comme un homme dont le cerveau était malade. La publication d'un de ses ouvrages sur
les merveilleux secrets de la nature, publication qu'il fit à Paris en 1616, lui attira de
la part de la Sorbonne une censure si sévère,
qu'il crut prudent de quitter la capitale.
Après avoir promené son inconstance de

ville en ville, il s'arrêta à Toulouse, où il prit des écoliers pour la médecine, la philosophie et la théologie ; il sut même s'introduire chez le président Mazuyer, qui le chargea de donner des leçons de philosophie à ses enfans.

Le professeur profita de la confiance qu'on avait en lui pour propager ses idées. Ayant séduit plusieurs jeunes gens qui venaient l'entendre, on cria aussitôt à l'impiété, à l'athéisme ! On l'arrêta et il fut procédé contre lui. Les opinions sont très-diverses au sujet de cette étrange et cruelle procédure. On prétend qu'au premier interrogatoire qu'il subit, un juge lui ayant demandé s'il croyait à l'existence d'un Dieu, il se baissa, et, levant de terre un brin de paille ; il répondit : « Je n'ai besoin que de ce fétu pour me prouver l'existence d'un être créateur. » Le président Gramond, qui était à Toulouse, lors de ce jugement, ose dire qu'il fit cette réponse plutôt par crainte que par persuasion. « Je le vis dans le tombereau, ajoute cet historien, lorsqu'on le menait au supplice, se moquant du cordelier qu'on lui avait donné pour l'exhorter à la repentance, et insultant à notre Sauveur par ces paroles impies : *Il sua de crainte et de faiblesse, et moi je meurs intrépide.* »

Ce malheureux insensé fut condamné à être brûlé vif par le parlement de Toulouse. Il fut jeté dans les flammes le 19 février 1619, après avoir eu la langue coupée; « ce qu'il souffrit avec une *feinte* constance, » dit le bénédictin Vaissette, comme si dans les flammes d'un bûcher, la constance d'un patient pouvait être feinte. Cette exécution de Vanini eut lieu presque en même temps que les fêtes brillantes que la ville de Toulouse donna pour célébrer l'arrivée dans ses murs de la duchesse de Montmorency.

On raconte que, lorsque l'on ordonna à Vanini de demander pardon à Dieu, au roi et à la justice, il répondit : « Qu'il ne croyait point en Dieu; qu'il n'avait jamais offensé le roi, et qu'il donnait la justice au diable. » Si cette réponse est bien de Vanini, elle semblerait prouver qu'il y avait beaucoup plus de folie dans son fait que d'athéisme; et, dans ce cas, mieux eût valu, pour l'humanité comme pour la religion, l'enfermer et le traiter que de le brûler.

Il paraît d'ailleurs que la procédure de Vanini fut dirigée avec acharnement et partialité par le parlement de Toulouse, dont beaucoup de membres étaient des fanatiques. Le prétendu athée fut condamné sur la déposition d'un seul témoin, nommé Francon. Ce qui montre qu'il n'y avait rien de positif contre lui, c'est que plusieurs des juges balancèrent, pensant n'avoir pas de preuves suffisantes ; que le prévenu fut condamné à la pluralité des voix, et que l'instruction du procès ne fit pas mention de ses livres.

En vertu de quel article de loi des juges pouvaient-ils condamner un homme, leur semblable, pour crime d'athéisme ? O honte de notre espèce ! ces crimes juridiques se faisaient toujours par le droit du plus fort, comme pour les accusations de magie, de sortilége, d'hérésie, etc.

INFANTICIDE

ÉCHAPPÉE AU SUPPLICE.

Long-temps avant que la tendre charité de saint Vincent de Paule n'eût fondé l'hospice des Enfans-Trouvés, on avait déjà travaillé, mais avec moins de bonheur que cet homme évangélique, à prévenir le crime monstrueux qu'on nomme infanticide, crime que toute bonne mère doit regarder comme incroyable, et dont les exemples ne sont que trop nombreux, même encore aujourd'hui.

Un édit de Henri II ordonnait que toutes femmes qui se trouveraient dûment atteintes et convaincues d'avoir célé et caché tant leur grossesse que leur enfantement, sans avoir déclaré ni l'un ni l'autre, et sans avoir pris de l'un ou de l'autre témoignage suffisant, même de la mort lors de l'issue de leur ventre, et qu'après se trouve l'enfant avoir été privé, tant du sacrement de baptême, que de la sépulture accoutumée, « *soient telles femmes tenues pour avoir homicidé leurs enfans ; et pour réparation publique, punies de mort et du dernier supplice, de telle rigueur que la qualité particulière le méritera.* »

Cet édit punissait le crime, mais ne le prévenait pas. Ce n'est pas le bourreau qui peut réformer les mœurs des hommes. Le remède est ailleurs.

En octobre 1624, Hélène Gillet, âgée de vingt-deux ans, fille du châtelain de Bourg-en-Bresse, fut soupçonnée d'être enceinte, mais tout-à-coup les symptômes qui avaient donné lieu à ce soupçon ayant disparu, il était conséquent d'en concevoir un autre. Bientôt cet événement devint le sujet de toutes les conversations de la ville. Enfin le lieutenant particulier, prenant les bruits publics pour une dénonciation, ordonna qu'Hélène Gillet serait visitée par des matrones.

Le résultat du procès-verbal de visite fut qu'elle avait été délivrée d'un enfant depuis quinze jours. L'accusée fut décrétée et constituée prisonnière. Elle convint, lors de son interrogatoire, qu'un jeune homme qui demeurait dans le voisinage de Bourg, et qui venait enseigner à lire et à écrire à ses frères, était devenu amoureux d'elle; qu'elle avait toujours résisté à ses sollicitations pressantes ; mais qu'enfin, ayant sû gagner une des servantes de sa mère, celle - ci l'avait renfermée dans une chambre où elle avait été violée par le jeune homme, et que le trouble où cet attentat l'avait plongée ne lui avait laissé ni la force ni la liberté d'appeler à son secours.

Quant à l'enfantement, Hélène Gillet le nia positivement ; et ce qui vraisemblement l'obligeait à se tenir sur la négative, c'est qu'elle ne pouvait rendre compte de l'enfant qu'elle avait mis au monde.

Hélène Gillet était donc sous le poids d'une présomption grave; mais une présomption ne suffisait pas pour opérer une condamnation au dernier supplice.

Le juge était dans cette perplexité, quand un soldat, en se promenant, aperçut un corbeau qui faisait des efforts pour arracher un linge d'un creux pratiqué au pied d'un mur voisin du jardin du père de l'accusée. Il approche, et trouve dans ce linge le cadavre d'un petit enfant. Il va sur-le-champ faire sa

déclaration en justice. On fit la levée du cadavre et du linge qui l'enveloppait.

On reconnut que ce linge était une chemise
qui, par sa grandeur et par la qualité de la
toile, était pareille à celle de l'accusée, et marquée, comme elle, des deux lettres H G,
Hélène Gillet.

Le juge crut trouver dans la réunion de ces
circonstances un motif suffisant pour le déterminer, et prit sur lui de la condamner, par
sentence du 6 février 1625, à avoir la tête
tranchée. La sentence fut confirmée le 12 mai
suivant par le parlement de Dijon, qui ordonna que l'exécution aurait lieu dans cette
ville.

Le bourreau fut averti de se préparer pour
le lendemain. Suivant l'usage de ce temps, il se
confessa et communia. Arrivé au lieu du supplice avec la malheureuse qu'il devait exécuter, il donna en public toutes les marques de
la plus vive inquiétude ; il chancela, se tordit
les bras, les leva vers le ciel, se mit à genoux,
se releva, se rejeta à terre, demanda pardon
à la patiente, et aux prêtres qui l'assistaient
leur bénédiction.

Tous les assistans étaient frappés d'étonnement. Enfin le bourreau, après avoir dit qu'il
préférerait mourir à la place de la patiente,
plutôt que de remplir les fonctions de son
ministère, paraît se décider à frapper, lève
le coutelas, et atteint la jeune fille à l'épaule
gauche. Hélène Gillet tombe sur le côté droit.
Le bourreau repousse son fer, se présente au
peuple, et demande la mort. Le peuple se
soulève et fait voler une grêle de pierres sur
ce malheureux.

La femme du bourreau qui avait été témoin
de la répugnance manifestée par son mari,
lorsqu'on l'avait chargé de cette exécution,
était présente et cherchait à le stimuler par
ses paroles. Elle relève la patiente qui s'avança
d'elle-même vers le poteau, se remit à genoux
et présenta sa tête. Le bourreau reprend le
glaive des mains de sa femme, en décharge
un second coup sur la victime et la manque
encore. La fureur du peuple redouble : le
bourreau se sauve dans une chapelle qui était
au pied de l'échafaud. Sa femme reste seule
avec la patiente tombée sous le coutelas,
prend la corde qui avait servi à lier la malheureuse Hélène Gillet, et la lui passe au cou.

Cette fille se défend ; l'autre lui donne des coups sur l'estomac et sur les mains, la secoue cinq à six fois pour l'étrangler. Se sentant frappée de coups de pierres, elle tire par la tête cette infortunée à demi-morte, vers les marches de l'échafaud , prend des ciseaux longs d'un demi-pied , veut lui couper la gorge, et lui fait ainsi jusqu'à dix plaies , tant au visage qu'au cou ou à l'estomac. Enfin le peuple, ne pouvant plus supporter un spectacle aussi horrible , arrache le corps de la patiente des mains de cette forcenée, et par un de ces retours de barbarie qui ne se voient que trop fréquemment dans les masses ignorantes, il massacre sans pitié le bourreau et sa femme. On emporte la malheureuse Hélène Gillet chez un chirurgien dont les secours la rappellent à la vie. Elle s'écrie alors: *Je savais bien que Dieu m'assisterait.* Le parlement la mit sous la garde d'un huissier, jusqu'à ce qu'il en fût autrement ordonné.

On n'a pu savoir quel etait le motif du trouble dont le bourreau était agité, de la répugnance qu'il témoigna pour cette exécution et de l'acharnement féroce de sa femme contre la malheureuse victime qu'elle voulait immoler. Peut-être cet homme n'exerçait-il que malgré lui cet infâme métier, que des circonstances l'avait obligé d'embrasser, et que sa femme qui y était habituée dès sa naissance, et qui voulait le forcer à l'exercer, ne l'y excitait si vivement, ne s'offrait même à lui servir de substitut, que pour ne pas perdre la rétribution attachée à cette horrible fonction.

Quoiqu'il en soit un concours d'heureuses circonstances sauva Hélène Gillet. Des personnes qui s'intéressaient à cette malheureuse et à sa famille, sollicitèrent sa grâce auprès du roi qui l'accorda par des lettres d'abolition, datées de Paris, du mois de mai 1625, lesquelles furent entérinées purement et simplement par le parlement de Dijon, le 5 juin suivant.

PUNITION

DE QUELQUES STRATAGÈMES CRIMINELS.

Le 14 mai 1585, par arrêt du grand conseil, Montaud, gentilhomme gascon, l'un de ceux que le roi avait choisis pour gardes de sa personne, fut décapité en place de Grève. Il avait accusé le duc d'Elbeuf de lui avoir offert dix mille écus pour tuer le monarque ; ne pouvant fournir des preuves à l'appui de cette dénonciation, il fut mis à la question et confessa que « mensongèrement il avait avancé ce propos, pour tirer de la bourse de Sa Majesté quelques bonnes sommes de deniers, à raison d'un tant important et signalé avertissement. »

Lucian du Cerf, dit La Fortune, soldat et ensuite cordonnier, se présenta le 2 novembre 1628, au palais de la reine-mère, s'adressa au lieutenant de ses gardes, désirant parler à Sa Majesté, pour lui donner avis d'un projet formé contre la vie du roi, contre celle de la reine-mère et de la reine régnante. Il disait que le sieur de Beaumont, demeurant à Cerf-Fontaine, à trois lieues de Saint-Quentin, l'avait excité à venir à Paris pour empoisonner leurs majestés, et lui avait même donné le poison dans une fiole. Lorsqu'on vint à la recherche des preuves, on découvrit que ce La Fortune avait tramé cette fourberie pour se venger du sieur de Beaumont qui lui avait donné un coup de pied, et pour attraper quelqu'argent. Il fut condamné à être pendu, et mourut en place de Grève.

Le 11 octobre 1629, le roi sortant de son carrosse pour aller à la chasse à Fontainebleau, on entendit tout-à-coup un murmure confus de voix : « Voilà, disait-on, un homme que l'on vient de tuer d'un coup de pistolet, proche la chambre de madame la princesse de Conti. » Sa Majesté ordonna à l'instant au prevôt de l'hôtel et au chevalier du Guet qui etait près d'elle, de voir ce que ce bruit signifiait. Ils trouvèrent un homme tout ensanglanté qui leur dit, qu'un quidam dont le dessein était d'attenter à la personne du roi, s'étant fait connaître à lui, et craignant d'être dénoncé, lui avait tiré un coup de pistolet, lorsqu'il s'efforçait de l'arrêter. Ce fourbe fut

interrogé et convaincu de s'être blessé lui-
même, dans l'espérance de quelque récompense ; on le condamna à mourir sur la roue.
Il se disait prince géorgien, et confessa dans
les tourmens qu'il était Calabrois.

Jean Balouseau, dit le Saint-Agnel, né à
Saint-Jean-d'Angéli, dont il empruntait le titre de baron, après plusieurs friponneries,
se procura l'entrée du Louvre, et parvint à
parler à Louis XIII. Il supposa que quarante
gentilshommes français, pensionnaires du roi
d'Espagne, révélaient à ce dernier les secrets
de l'état; et qu'un certain Génois, résidant
à Bruxelles, avait conspiré contre la vie du
roi de France. Balouseau fut mis à la Bastille,
où les lieutenans civils et criminels instruisi-
rent son procès; la sentence portait que, pour
ses impostures, ses perfidies et l'abus de quatre mariages reconnus, il serait pendu en
place de Grève : ce qui fut exécuté en 1626.
Il mourut avec assez de courage, en avouant
qu'il avait, par ses fourberies, tiré de l'argent
de plusieurs princes, et sous le nom sacré
du mariage, abusé de quatre femmes qu'il
laissait toutes quatre veuves.

Le 6 janvier 1761, le sieur Paul-Réné du

Truche de Lachau, écuyer, ci-devant garde-du-roi, étant de service et en habit d'uniforme, entre neuf et dix heures du soir, mit à exécution, dans le château de Versailles, le roi soupant à son grand couvert, le détestable projet par lui formé dès le mois d'octobre précédent, de faire croire qu'il avait été assassiné par des gens qui en voulaient à la personne du roi. Il s'était retiré à cet effet dans un escalier, où, après avoir éteint la lumière qui l'éclairait, et avoir cassé son épée, il s'était percé lui-même en différentes parties du corps avec un couteau qu'il avait fait aiguiser par un coutelier de Versailles, et dont il s'était légèrement blessé, quoique ses habits se trouvassent coupés en tous les sens. En cet état, il s'était couché par terre, avait appelé à son secours et faussement dit à deux gardes-du-corps qu'il avait été assassiné par deux particuliers qu'il supposait être vêtus, l'un en habit ecclésiastique, l'autre en habit vert, lesquels après lui avoir demandé de les faire entrer au grand couvert, ou de les faire trouver sur le passage du roi, lui avaient, sur son refus, fait connaître leurs mauvais desseins, en disant que leur motif était de délivrer le peuple de l'op-

pression, et de donner la force convenable à
une religion anéantie. Enfin, Lachau persista
durant plusieurs jours, tant verbalement que
judiciairement, dans son imposture. Cette affaire causa une grande rumeur. Plusieurs citoyens · furent arrêtés comme soupçonnés
d'être les particuliers que le fourbe avait faussement désignés pour ses assassins ; enfin,
convaincu de son insigne fourberie, Lachau
fut condamné au dernier supplice.

PARRICIDE

INSPIRÉ PAR LA CUPIDITÉ.

Hugues Morineau, bourgeois fort aisé de la
petite ville de Cormery en Touraine, avait
d'un premier mariage deux filles, Marie et
Jeanne qui épousèrent, la première François
Dagault, la seconde François Jucqueau. Morineau devenu veuf en 1630, s'ennuya sans
doute de l'isolement où il se trouvait, et manifesta l'intention de se remarier. Ce projet

alarma vivement ses filles et ses gendres : et la crainte que ce second mariage de leur père ne nuisît à leurs intérêts, les porta à s'y opposer, même juridiquement. Hugues Morineau, offensé du procédé de ses gendres, se pourvut contre leur opposition, et fit mettre au néant leurs injustes prétentions. En conséquence, il eut la permission de contracter un nouveau mariage.

Mais Dagault et Jucqueau voyant qu'ils avaient eu tort aux yeux de la justice, résolurent d'arriver à leur but par la voie du crime, et convinrent de faire assassiner leur beau-père avant la fête des Rois, époque où il pourrait exécuter son projet de mariage.

Dès lors les deux gendres ne songent plus qu'à réaliser leur projet infernal ; ils cherchent l'homme qui frappera pour eux leur victime. Ils jettent les yeux sur Pierre Guyette, dit Montigny, l'un des bâtards du frère de Hugues Morineau, moine bénédictin de l'abbaye de Cormery, et lui propose de poignarder leur beau-père qui était son oncle naturel. D'abord Montigny semble effrayé de l'idée même d'un si grand crime ; mais bientôt son effroi se dissipe au doux son des promesses des deux gendres. Il continue néanmoins à se faire presser ; il fait valoir d'un côté l'importance du service , de l'autre, les dangers de l'action ; enfin il exige beaucoup d'or pour salaire. Les deux beaux-frères qui n'étaient devenus scélérats que par cupidité , ne peúvent se résoudre à faire le sacrifice qu'on leur demande ; ils hésitent ; ils marchandent ; Montigny les décide, en les menaçant d'avertir Hugues des dangers qu'il court, s'ils ne consentent à lui donner cent écus d'or pour l'assassinat de leur beau-père.

L'argument était pressant ; Dagault et Jucqueau consentent à tout, et Montigny va songer aux préparatifs du meurtre ; il était pressé de palper la récompense convenue.

Le 6 décembre 1630, fut le jour qu'il fixa pour consommer le forfait dont on lui avait donné la commission. Il entra chez Hugues Morineau , sous prétexte de lui faire une visite ; et après avoir échangé quelques paroles avec lui , profitant d'un moment où il avait le dos tourné , il le frappa froidement de plusieurs coups de baionnette et l'étendit mort à ses pieds. Après ce meurtre abominable , il se retira aussi tranquillement que s'il venait de faire une bonne action , vint réclamer ses cent écus d'or, et quitta sur-le champ le pays.

Cet homicide porta bientôt la terreur dans tout Cormery. Le bailli fit une enquête et, sur plusieurs indices, informa contre Dagault et Jucqueau et contre d'autres membres de la famille, dont l'innocence fut reconnue plus tard.

Un premier jugement condamna Dagault et Jucqueau à être pendus et étranglés, après avoir été préalablement appliqués à la question ordinaire et extraordinaire. Ils appelèrent de cette sentence, et furent en conséquence transférés dans les prisons de la conciergerie du Palais, à Paris.

Le parlement examina leur procès avec la plus scrupuleuse attention. Ils furent interrogés séparément, mais sans qu'il fût possible d'en tirer aucun aveu. Les tortures de la question ne produisirent pas davantage, et cette fermeté arracha à une mort certaine et bien méritée les deux coupables. Un arrêt du 8 avril 1631 les renvoya devant le bailli de Cormery en état de plus ample informé, et ordonna qu'ils seraient élargis des prisons, à la charge de se représenter à toutes les requêtes de la justice. Le parlement enjoignit en même temps à tous les officiers des maréchaussées, d'arrêter Montigny et de le constituer prisonnier.

Dagault et Jucqueau revinrent donc à Cormery auprès de leurs femmes. Mais la Providence ne permit pas que ces deux scélérats jouissent long-temps avec impunité des fruits de leur crime; car peu de temps après leur retour, l'assassin Montigny condamné par contumace, étant tombé entre les mains de la justice, aussitôt Dagault et Jucqueau disparurent, et avec ce dernier Jeanne Morineau, sa femme.

La fuite de ces trois personnes confirma pleinement les premiers soupçons; on reprit l'instruction du procès, en ajoutant Jeanne Morineau au nombre des complices. D'ailleurs, dans ses interrogatoires, Montigny avait désigné cette femme comme la plus ardente instigatrice du meurtre de son père. Le 10 juillet 1631, les juges de Cormery rendirent leur sentence par contumace contre Dagault, Jucqueau et Jeanne Morineau, mais définitive contre Montigny. Les trois hommes étaient condamnés à être roués et ensuite brûlés vifs ; et la parricide Jeanne Morineau à être tenaillée aux mamelles avant d'être rouée et brûlée vive comme ses complices. Montigny subit son arrêt, sans vouloir en appeler, et déclarant qu'il se regardait comme bien jugé.

Jeanne Morineau et Jucqueau son mari menèrent une vie errante, tantôt en France, tantôt dans les pays étrangers. Mais ce qu'on croira difficilement, c'est que Jeanne Morineau, après plus de trente années révolues depuis l'homicide de son père, reparut tout-à-coup dans Cormery.

Forte de la prescription qui lui était favorable, elle savait bien qu'aux termes des lois, on ne pouvait plus la rechercher pour son parricide. Mais ce qui la faisait revenir sur le théâtre de son crime, qui aurait dû être aussi celui de son supplice, c'était cette même cupidité qui déjà l'avait rendue si criminelle. Elle croyait que la prescription lui donnait aussi le droit de recueillir la succession de son père et de sa mère, et d'évincer les différens particuliers qui en jouissaient.

Elle eut l'audace d'entamer une procédure à ce sujet. Les débats furent longs ; l'indignité de Jeanne Morineau fut mise dans tout son jour, et les juges la déclarèrent non recevable en sa demande.

URBAIN GRANDIER,

CURÉ DE LOUDUN, BRULÉ VIF COMME MAGICIEN.

Vers la fin de l'année 1632, le bruit se répandit dans Loudun, en Poitou, que les religieuses ursulines de cette ville étaient possédées du diable. A cette nouvelle, grande rumeur parmi le peuple, toujours si crédule, surtout à l'égard des choses les plus extraordinaires et les plus absurdes. On cria au sortilége, à la magie, et plusieurs prêtres usèrent de toute leur influence pour propager cette opinion. L'un d'eux, Jean Mignon, directeur de la communauté des Ursulines, attribua cette possession, prétendue diabolique, à Urbain Grandier, curé et chanoine de Loudun, et l'accusa hautement de sorcellerie. Mignon trouva de zélés co-accusateurs dans le clergé du pays et parmi les plus notables habitans de Loudun. Les capucins de cette ville, ennemis secrets de Grandier, trouvèrent à propos, pour faire réussir l'accusation, de s'appuyer de l'autorité toute puissante du cardinal de Richelieu. Ils écrivirent à cet effet au père Joseph, leur confrère, qui, comme confesseur du cardinal-ministre, jouissait de toute sa confiance, que le curé Grandier était l'auteur d'un libelle intitulé *la Cordonnière de Loudun*, très-injurieux pour la personne du cardinal de Richelieu. Bientôt, par suite des conseils du père Joseph, le ministre manda au conseiller d'état Laubardemont, sa créature, occupé alors de la démolition des fortifications de Loudun, de faire une information soigneuse et détaillée de l'affaire des religieuses ursulines, et il lui donna assez à entendre qu'il souhaitait de perdre Urbain Grandier.

Cependant le prêtre Mignon et ses adhérens poursuivaient avec activité l'œuvre qu'ils avaient entreprise, disaient-ils, pour la plus grande gloire de Dieu. Des exorcismes avaient lieu fréquemment en particulier comme en public. Interrogés en latin, les démons possesseurs des religieuses, répondaient dans la même langue; seulement il leur échappait souvent des barbarismes et autres fautes grossières qui auraient pu faire mettre en doute la science universelle des puissances de l'enfer. Mais dans tous ces interrogatoires, le curé Urbain Grandier était désigné comme le magicien qui avait donné à ces démons l'ordre d'entrer dans les corps des Ursulines possédées.

Fidèle à ses instructions, et surtout docile aux volontés de son maître, Laubardemont fit arrêter Grandier au mois de décembre 1633, et, après avoir fait une ample information, dans laquelle les rapports de Mignon et de ses amis jouaient le principal rôle, il retourna à Paris pour se concerter avec le cardinal. Ce ne fut que le 7 juillet 1634 que des lettres patentes furent expédiées, à l'effet de procéder au jugement de Grandier. Ces lettres étaient adressées à Laubardemont et à douze juges des siéges voisins de Loudun, tous gens de bien, il est vrai, mais tous d'une crédulité extrême, et pour cette raison choisis par les ennemis de Grandier. Le choix de cette commission ne laissa plus douter du sort que l'on réservait à l'accusé. Cette forme de jugement a toujours été féconde en arrêts de mort.

Le 18 d'août 1634, sur la déposition d'Astaroth, diable de l'ordre des séraphins et chef des démons possédans, d'Éasas, de Celsus, d'Acaos, de Cédon, d'Asmodée, de l'ordre des trônes, et d'Alex, de Zabulon, de Nephtalim, de Cham, d'Uriel et d'Achas, de l'ordre des principautés ; c'est-à-dire sur la déposition des religieuses qui se disaient possédées par ces démons, les commissaires rendirent leur jugement, par lequel maître Urbain Grandier, prêtre, curé de l'église Saint-Pierre du marché de Loudun, fut déclaré dûment atteint et convaincu des crimes de magie, maléfice et possession ; pour la réparation desquels crimes il fut condamné à faire amende honorable et à être brûlé vif avec les pactes et caractères magiques, et ses cendres jetées au vent.

A peine l'arrêt fut-il rendu, qu'on envoya un chirurgien dans la prison avec l'ordre de le raser et de lui enlever tout le poil qu'il avait à la tête, au visage et sur toutes les parties du corps, même de lui arracher les sourcils et les ongles. Cette opération avait pour but, disait-on, de découvrir quelques marques du diable. L'infortuné, plein d'une noble résignation, se livra docilement aux mains du chirurgien ; toutefois celui-ci, plus humain que les juges, ne voulut jamais lui arracher les ongles. Cette cruauté lui faisait horreur.

On n'essayera pas de prouver qu'Urbain Grandier était innocent des crimes pour lesquels on le condamnait; ce serait faire injure aux lecteurs de ce siècle. A l'époque dont nous parlons, la magie, comme le remarque le savant Ménage, était le crime ordinaire de ceux qui n'en avaient point, et que l'on voulait perdre. Mais avant de passer outre, il est bon, dans l'intérêt du malheureux Grandier, de faire connaître les motifs réels de l'acharnement de ses accusateurs.

Urbain Grandier, fils d'un notaire royal de Sablé, avait fait d'excellentes études à Bordeaux, chez les jésuites, qui, après son ordination, lui avaient fait donner la cure de Saint-Pierre de Loudun et une prébende dans celle de Sainte-Croix. La jouissance de ces deux bénéfices lui suscita dès l'abord un grand nombre d'envieux. Il réunissait aux agrémens de toute sa personne beaucoup de politesse dans les manières et un grand charme dans la conversation. La nature l'avait doué d'une éloquence vive et naturelle,

dont on trouve la preuve dans l'oraison fu-
nèbre de Scévole de Sainte-Marthe, qu'il a
composée. Ses succès dans la prédication excitèrent la jalousie de quelques moines de
Loudun; et cette jalousie se tourna bientôt
en haine, lorsqu'il eut prêché sur l'obligation
de se confesser à son curé au temps pascal.
Ses ennemis, dont la rage épiait, empoisonnait toutes ses actions, profitèrent de cette
circonstance pour l'accuser d'être aimé des
femmes et de les aimer. Il est vrai de dire
qu'il ne serait pas, à beaucoup près, aussi facile de le laver de cette accusation que de
celle de magie. Urbain Grandier, avec une
imagination vive, ardente, un extérieur agréable, devait porter un cœur sensible; et l'on
sait que ces avantages sont des hôtes bien
peu compatibles avec la chasteté imposée aux
prêtres. Il demeure bien prouvé qu'il avait
formé plus d'une liaison au moins fort suspecte sous ce point de vue. Mais, quelque
blâmable que fût la conduite de Grandier,
quel est celui d'entre les autres prêtres qui,
sans passion, aurait osé lui jeter la première
pierre ?

Vers le même temps, Grandier, ayant sollicité l'emploi de directeur des Ursulines, les calomnies redoublèrent; on insinua qu'il ne briguait ce poste que pour faire de cet asile de la pudeur le théâtre de ses plaisirs. On l'accusa même d'avoir séduit des femmes dans l'église dont il était curé, circonstance qui jeta la terreur parmi bon nombre de maris.

Grandier était fier et hautain, caractère peu propre à désarmer ses ennemis. On l'avait vu triompher sans aucune mesure du gain de plusieurs procès, qu'il avait eus avec des prêtres et des particuliers du pays. En 1629, l'officialité de Poitiers, informée de ses galanteries, l'avait condamné à jeûner au pain et à l'eau pendant trois mois, et prononcé son interdiction pour cinq ans dans le diocèse, et dans la ville de Loudun pour toujours. Grandier ayant appelé de cette sentence comme d'abus, fut déclaré innocent par le présidial de Poitiers. Alors, triomphant, il insulta ses ennemis avec beaucoup de hauteur. Mais des adversaires que l'on méprise et que l'on brave n'en sont bien souvent que plus redoutables.

La vengeance de ceux de Grandier couva quelque temps pour éclater ensuite avec plus de violence.

Alors se prépara cette comédie des possédés, qui devait avoir un résultat si tragique pour le malheureux curé de Loudun. Le prêtre Mignon, secondé par d'autres personnes, exerça les religieuses Ursulines à jouer le rôle de possédées, avec les contorsions, grimaces et convulsions les plus propres à représenter les opérations des démons. On leur apprit les réponses qu'elles auraient à faire aux questions qui leur seraient adressées en latin pendant la cérémonie de l'exorcisme; on voulait imposer, non seulement aux gens simples et crédules, mais encore, s'il était possible, aux esprits forts. Pour déterminer les religieuses à se prêter à l'exécution de cette farce infernale, on allégua la gloire de Dieu, qui exigeait qu'on purgeât l'église d'un débauché, d'un scélérat tel que Grandier. On leur persuada que cette action leur donnerait en France une grande réputation, attirerait à leur couvent une grande abondance d'aumônes, et les ferait passer de l'indigence où elles gémissaient dans une heureuse situation, dont elles goûteraient les douceurs. Ainsi la superstition d'un côté, et l'intérêt de l'autre, concoururent à favoriser les projets de vengeance de la cabale ameutée contre Grandier. Toute cette intrigue fut révélée au public, après la mort de ce malheureux, par plusieurs religieuses, qui, cédant aux remords de leurs consciences, déclarèrent que tout ce qu'elles avaient dit n'était que calomnie; qu'elles avaient accusé un innocent, et que cette accusation leur avait été suggérée par Mignon et par d'autres ecclésiastiques.

Si l'on s'étonnait de voir le nom et l'autorité du cardinal de Richelieu dominer toute cette affaire aussi barbare que ridicule, que l'on sache que ce puissant ministre, qui dominait tout en France, était dominé lui-même par son confesseur, le père Joseph, capucin; que ce religieux, qu'on surnommait l'éminence grise, à cause de son grand pouvoir, avait pris très-chaudement le parti de ses confrères de Loudun, et n'avait rien négligé pour allumer le ressentiment du cardinal contre Grandier, en lui rappelant qu'avant qu'il fût ministre, et dans le temps qu'il n'était encore que prieur de Coussay, ce curé de

Loudun lui avait disputé le pas dans une cérémonie. Richelieu ne pardonnait jamais , pas même le soupçon d'une injure. Aussi choisit-il Laubardemont pour instruire et·juger cette affaire : c'était assurer sa vengeance. Laubardemont s'était déjà signalé dans des commissions de ce genre, et plus tard il servit encore les vengeances du cardinal de Richelieu dans les jugemens qui firent tomber les têtes de Cinq-Mars et du célèbre de Thou. C'est ce juge inique et complaisant, c'est cet homme de sang qui disait : « Donnez-moi une ligne la plus indifférente de la main d'un homme , et j'y trouverai de quoi le faire pendre. »

Aussi le procès de Grandier fut-il conduit de la manière la plus révoltante. Outre les prétendues possédées, on entendit des témoins apostés, entre autres deux femmes qui déposaient avoir eu un commerce criminel avec lui, et l'une d'elles déclara qu'il lui avait proposé de la faire *princesse des magiciennes*. Six autres femmes et soixante témoins déposèrent d'inceste, d'adultere, de sacrilége commis par le curé ; on poussa l'absurdité jusqu'à l'accuser de s'être introduit de jour et de nuit dans le couvent, et, confronté avec les religieuses, il ne fut reconnu par aucune d'elles.

Avec des accusateurs et des juges comme les siens, ·Urbain Grandier n'avait aucune grâce à espérer; il ne lui restait plus qu'à mourir. Le 18 août 1634, jour du jugement, fut aussi celui de l'exécution. Après avoir été cruellement rasé, comme on l'a vu plus haut, on le revêtit d'un mauvais habit, et on le plaça dans un carrosse qui le conduisit au palais de Loudun, où étaient tous les juges et une très-grande affluence de peuple. Le greffier frémit en lui donnant lecture de son arrêt; mais lui, maître de son âme, l'entendit sans changer de visage; puis, prenant la parole, il protesta de son innocence, déclara qu'il n'avait jamais été magicien, et qu'il ne connaissait point d'autre magie que celle de l'Écriture sainte, qu'il avait toujours prêchée.

A peine eut-il achevé, que Laubardemont fit retirer tout le monde, et eut une longue conversation avec Grandier, lui parlant bas à l'oreille. Il lui dit ensuite, d'un ton haut et fort sévère, que, s'il voulait engager ses juges à tempérer la rigueur de son jugement, il devait révéler les noms de ses complices.

Grandier répondit avec fermeté qu'il n'en avait point et, qu'il n'en pouvait avoir, puisqu'il était innocent.

On se prépara à lui donner la question ordinaire et extraordinaire. On mit les jambes du patient entre deux planches de bois qu'on laça étroitement avec des cordes; entre les planches et les jambes on introduisit d'abord quatre coins pour la question ordinaire, puis quatre autres pour la question extraordinaire, et les bourreaux les firent entrer à coups de marteau. Des récollets, peu satisfaits sans doute du zèle des exécuteurs, prirent eux-mêmes le marteau pour torturer Grandier. Plusieurs fois il s'évanouit; les tigres le faisaient revenir en redoublant ses tourmens. On cessa de frapper les huit coins quand les jambes du patient tombèrent en lambeaux sanglans, et que l'on vit sortir la moelle de ses os brisés. Grandier conserva tant d'empire sur lui-même, et s'éleva tellement au-dessus des douleurs les plus aiguës, qu'il ne lui échappa pas une seule parole de murmure, ni même de plainte contre ses ennemis.

Après la question, on l'étendit sur le carreau, et là il déclara de nouveau publiquement qu'il n'était pas magicien ; il avoua qu'il n'avait eu qu'un tort, celui d'être trop sensible au pouvoir de l'amour, et qu'il avait composé son livre *du Célibat des prêtres* pour vaincre les pieux scrupules d'une fille qu'il aimait depuis sept ans ; mais il refusa constamment de nommer cette personne, quoiqu'on l'en pressât vivement. Il fut transporté ensuite dans la chambre du conseil, et on le mit sur de la paille auprès du feu. Ayant demandé pour confesseur le gardien des cordeliers, on ne fit aucun cas de sa demande, et on lui présenta un récollet, qu'il refusa, disant que c'était son ennemi et l'un de ses plus ardens persécuteurs.

Ainsi il ne put faire qu'une confession mentale, circonstance qui, eu égard aux croyances religieuses du temps, rend encore plus atroce la barbarie des juges. Laubardemont s'enferma avec lui plus de deux heures ; mais, malgré tous ses efforts, il ne put jamais lui faire signer un papier qu'il lui présenta. On a lieu de penser que ce magistrat inique, prévoyant que le public jugerait à son tour le jugement qu'il venait de rendre, voulait faire signer son apologie par sa victime.

Sur les cinq heures du soir, l'exécuteur fit enlever Grandier sur une civière, et dès qu'il fut hors du palais, on lui lut de nouveau son jugement, puis on le mit dans un tombereau pour le conduire aux églises où il devait faire amende honorable. Pendant cette cérémonie, où il eut à supporter les injures et les mauvais traitemens des moines qui l'entouraient, le père Grillau, qu'il avait demandé pour confesseur, l'aborda et lui dit : « Souvenez-vous que notre seigneur Jésus-Christ est monté au ciel par la voie des souffrances ; vous avez de grandes lumières, employez-les au salut de votre âme. Je vous apporte la bénédiction de votre mère. Nous implorerons pour vous la miséricorde divine, et nous croyons avec confiance qu'elle vous recevra dans le ciel. » Ces paroles ranimèrent l'infortuné, et il remercia le cordelier avec un visage doux et serein. Alors les archers poussèrent avec violence le père Grillau dans l'église, et Grandier fut conduit à la place Sainte-Croix, lieu du supplice.

On lui avait promis deux choses qu'on ne lui tint pas : la première, qu'il aurait la liberté de parler au peuple ; la seconde, qu'on l'étranglerait ; mais toutes les fois qu'il voulait ouvrir la bouche et élever la voix, un exorciste lui jetait une si grande quantité d'eau bénite sur le visage, qu'il en était suffoqué. L'exécuteur le plaça sur un cercle de fer qui était attaché à un poteau. Une troupe de pigeons étant venue voltiger autour du bûcher, sans que les hallebardes des archers pussent parvenir à les en chasser, ceux qui croyaient Grandier réellement magicien, disaient que c'étaient des démons qui venaient le secourir; ceux d'une opinion contraire répliquaient que ces oiseaux, étant le symbole de l'innocence, venaient ainsi rendre hommage à celle de Grandier. Enfin il arriva qu'une grosse mouche, de l'espèce des bourdons, vint voltiger et bourdonner autour de la tête du patient, ce qui donna lieu à un moine de dire que cette mouche n'était autre que Belzébuth qui rôdait autour de Grandier pour emporter son âme aux enfers. Il se fondait sur ce qu'il avait oui dire qu'en hébreu Belzébuth signifiait *le dieu des mouches.*

Par un raffinement de cruautés bien digne des moines de ce temps, les exorcistes, pour empêcher que Grandier ne fût étranglé comme on le lui avait promis, avant que le bûcher fût allumé, avaient fait plusieurs nœuds à la corde. Lorsque l'exécuteur se disposa à mettre le feu, Grandier rappela la promesse qu'on lui avait faite, et haussa lui-même la corde, voulant se l'accommoder autour du cou. Le père Lactance, l'un des plus ardens promoteurs de la persécution dirigée contre Grandier, prit un brandon de paille allumée, et le porta au visage de Grandier en lui disant : « Ne veux-tu pas te reconnaître, malheureux, et renoncer au diable ? Il est temps, tu n'as plus qu'un moment à vivre. — Je ne connais point le diable, répondit Grandier ; j'y renonce et à toutes ses pompes, et j'implore la miséricorde divine. » Alors, sans attendre l'ordre du lieutenant du prevôt, ce religieux furibond fit publiquement l'office de l'exécuteur, en mettant le feu au bûcher. Grandier, sans s'émouvoir de cette nouvelle barbarie, lui dit tranquillement : « *Ah! où est la charité, père Lactance? ce n'est pas ce qu'on m'avait promis. Il y a un Dieu qui sera ton juge et le mien : je t'assigne à comparaître devant lui dans le mois.* » Puis, s'adressant à Dieu, il s'écria : « Mon Dieu ! je m'élève vers

vous , ayez pitié de moi ! » Ce furent ses der-
nières paroles. Alors les exorcistes recommen-
cèrent à lui jeter leur eau bénite au visage.
Le peuple cria à l'exécuteur qu'il étranglât le
patient ; mais on n'en put venir à bout , parce
que , par suite de la cruelle précaution des
moines , la corde était nouée , et que les pro-
grès des flammes ne permettaient plus d'approcher du bûcher. Ainsi Urbain Grandier
fut brûlé vif.

Telle fut l'issue de cette œuvre de la méchanceté des hommes. Toutefois la mort de Grandier ne ferma pas la bouche aux diables ; ils
continuèrent à se donner en spectacle , et ce
fut pour leur confusion. Plusieurs personnes
considérables de la cour, entre autres le comte
de Lude et la duchesse d'Aiguillon , dévoi-
lèrent ces ignobles jongleries et leur ôtèrent
toute créance. Le père Lactance mourut juste
un mois après Grandier , ainsi que celui-ci le
lui avait prédit ; ce qui sembla donner un
nouveau lustre à l'innocence de cet homme
infortuné , qui ne tarda pas à être proclamée
hautement par plusieurs des religieuses possédées. D'autres ennemis de Grandier péri-
rent aussi fort misérablement ; effet de la jus-

tice de la Providence, qui, lorsqu'elle permet le mal, se réserve presque toujours le soin de le punir.

« On sait assez, dit Voltaire, que le procès des diables de Loudun et du curé Grandier livre à une exécration éternelle la mémoire des insensés scélérats qui l'accusèrent juridiquement d'avoir ensorcelé des ursulines, et ces misérables filles qui se dirent possédées, et cet infâme juge-commissaire Laubardemont qui condamna le prétendu sorcier à être brûlé vif, et le cardinal de Richelieu qui, après avoir fait tant de livres de théologie, tant de mauvais vers et tant d'actions cruelles, délégua son Laubardemont pour faire exorciser des religieuses, chasser des diables et brûler un prêtre. »

LOUIS GAUFRIDY,

OU LE SORCIER DE PROVENCE.

L'accusation de magie dirigée contre le malheureux Urbain Grandier, curé de Loudun, était évidemment l'œuvre de la jalousie et de la haine. Tout porte à croire que son confrère Gaufridy ne fut victime que de la stupide et superstitieuse crédulité de ses juges. Il y a de quoi frémir quand on songe que tous les tribunaux de l'Europe chrétienne ont retenti long-temps d'arrêts atroces contre de prétendus magiciens, qu'ils ont condamné à mort plus de cent mille victimes, et que les bûchers étaient allumés partout pour les sorciers comme pour les hérétiques. Grâce aux efforts de la philosophie, nous sommes à jamais délivrés de ce fléau, opprobre de la raison humaine. Il est vrai que, si nous n'avons plus de sorciers, en revanche les saltimbanques ne manquent pas, espèce de magiciens bien autrement dangéreuse pour la société, et d'autant plus entreprenante qu'elle sait bien que le perfectionnement opéré dans la raison des peuples les met à l'abri des tortures et des bûchers.

Louis Gaufridy, fils d'un berger de la Provence, avait été élevé par un de ses oncles qui était curé, et avait lui-même embrassé l'état ecclésiastique. Devenu curé de la paroisse des Acoules de Marseille, il paraît qu'il sut inspirer de l'amour à un grand nombre de ses paroissiennes. Le fond de son caractère était l'enjouement et l'amabilité : véritable épicurien, il aimait la bonne chère, et animait tous les repas où il se trouvait par ses plaisanteries et ses bons mots. Voilà probablement les principaux talismans qu'il employait pour charmer ses pénitentes.

Une des filles du sieur de la Palue, gentilhomme, fut principalement l'objet de ses soins, et il sut lui inspirer une passion violente. Leur liaison dura jusqu'au moment où la grâce, agissant fortement sur le cœur de la pécheresse, elle s'alla jeter dans un couvent d'ursulines. Alors, tourmentée sans doute par des affections hystériques, elle eut des visions, et débita

les choses les plus étranges sur ses relations
avec le curé Gaufridy.

Suivant elle, il avait acquis du diable le pouvoir de se faire aimer de toutes les femmes sur
lesquelles il soufflait.Elle disait avoir éprouvé la
puissance de ce souffle à un tel point, que long-
temps elle n'avait pu vivre éloignée de Gaufridy ; qu'elle avait été initiée par lui dans tous
les mystères sabbatiques; et que depuis qu'elle
était dans le couvent, il y avait envoyé une
légion de diables qui l'obsédaient jour et nuit.

Ces révélations prirent bientôt créance
dans la multitude. Il était si facile et si doux
alors de croire au merveilleux. Gaufridy fut
publiquement regardé comme sorcier. Peut-
être que quelques propos imprudemment
plaisans de ce pauvre prêtre contribuèrent
aussi à confirmer cette opinion. Quoiqu'il en
soit, les suites de cette affaire ne furent que
trop sérieuses. La justice fit arrêter Gaufridy;
il fut exorcisé, jugé et condamné à faire
amende honorable et à être brûlé vif. Cet
arrêt fut rendu par le parlement de Provence,
en 1611.

Rien de plus ridicule, de plus absurde, de
plus grossièrement monstrueux que les pro-

cès-verbaux d'exorcismes, et que les attestations données à ce sujet par des médecins et des chirurgiens. La stupidité burlesque de ces pièces, que l'on prendrait aujourd'hui pour des contes de vieilles, ne peut être égalée que par celle des juges qui ne craignirent pas d'y ajouter foi.

Gaufridy nia tout ce qu'on lui imputait; il subit la question ordinaire et extraordinaire, fut dégradé par son évêque, et périt dans les flammes.

Plusieurs années après sa mort, Madeleine de la Palue reparut sur la scène, et se fit passer aussi pour sorcière. Il est probable que la magie de cette malheureuse n'était que de la folie. On l'arrêta le 6 février 1653, prévenue d'avoir ensorcelé une nommée Madeleine Hodoul, qui la chargea de ce prétendu crime. Le parlement chercha à s'entourer de toutes les lumières possibles pour prononcer sur cette affaire, et, quand il se crut suffisamment éclairé, il rendit un arrêt définitif qui condamna la fille la Palue à être enfermée le reste de sa vie entre quatre murailles.

L'ignorance des juges, celle des médecins et chirurgiens nommés pour examiner quelques taches que les accusés avaient sur le corps, est une chose bien surprenante ; ils prenaient pour des effets d'une puissance surnaturelle des affections nerveuses et quelques marques produites par des coups d'épingle, ou avec de l'eau forte. Plaignons le siècle où l'on n'eut pas la force de combattre l'opinion de la magie ; opinion dangereuse, en ce qu'elle fournissait aux fourbes des moyens de séduire les simples, et aux méchans des prétextes pour persécuter ceux dont ils enviaient les talens et les richesses.

L'opinion sur l'existence des sorciers était si généralement établie, même parmi les personnes instruites, qu'elle donna lieu à un fait qui mérite d'être rapporté. Le procès de Gaufridy contenait beaucoup de dépositions sur le pouvoir des démons ; plusieurs témoins assuraient qu'après s'être frotté d'une huile magique il se transportait au sabbat, et qu'il revenait ensuite dans sa chambre par le tuyau de la cheminée. Un jour qu'on lisait cette procédure au parlement d'Aix, et que l'imagination des juges était affectée par le long récit de ces événemens surnaturels, on entend tout-à-coup dans la cheminée un bruit extraordinaire qui se termine par l'apparition d'un grand homme noir qui secoue la tête. Les juges croient que c'était le diable qui venait délivrer Gaufridy, son élève ; ils s'enfuient tous à l'exception du conseiller Thoron, rapporteur, qui, se trouvant embarrassé dans le bureau, ne peut les suivre. Effrayé de ce qu'il voyait, tremblant de tout son corps, les yeux égarés et faisant beaucoup de signes de croix, il porte à son tour l'effroi dans l'âme du prétendu démon, qui ne savait d'où venait le trouble du magistrat. Revenu de son embarras, il se fit connaître ; c'était un ramoneur qui s'était trompé de tuyau de cheminée.

LE MARÉCHAL DE MARILLAC,

LE DUC DE MONTMORENCY, L'ÉCUYER CINQ-MARS,

ET FRANÇOIS-AUGUSTE DE THOU,

OU LES VICTIMES DE LA VENGEANCE DU CARDINAL DE RICHELIEU

Le ministère du cardinal de Richelieu, sous le faible Louis XIII, présente le tableau le plus frappant des saturnales du despotisme. Tout ce qui gênait l'ambition du ministre, tout ce qui portait ombrage à son autorité jalouse, subissait les coups de sa vengeance. Il s'immola ainsi plus d'une illustre victime.

Le maréchal de Marillac, ennemi déclaré du cardinal, venait de recevoir du roi plein pouvoir de faire la guerre et la paix dans le Piémont. Louis XIII, fatigué intérieurement de l'ascendant de son ministre, avait promis sa disgrâce aux sollicitations et aux larmes de sa femme. La nouvelle s'en répandait déjà; le cardinal lui-même le savait, et, se croyant perdu, il pressait son départ pour le Hâvrede-Grâce. Cependant, voulant tenter un dernier effort, il va trouver le roi. Ce monarque l'avait sacrifié par faiblesse ; il se remet par faiblesse entre ses mains, et lui abandonne ses ennemis. Ce jour fut appelé la *journée des dupes* ; et dès lors le pouvoir du cardinal fut consolidé.

Le jour même, Richelieu dépêche un huissier du cabinet, de la part du roi, aux maréchaux de La Force et Schomberg, pour faire arrêter le maréchal au milieu de l'armée dont il avait le commandement suprême. L'huissier arrive une heure après que le maréchal avait reçu la nouvelle de la disgrâce du ministre. Le maréchal est fait prisonnier par l'ordre de ce même ministre.

Richelieu résolut de faire mourir ce général ignominieusement par la main du bourreau. Ne pouvant lui imputer le crime de trahison, il l'accusa de concussion. Pour rendre sa vengeance plus sûre et plus facile, il priva le maréchal du droit d'être jugé par les deux chambres du parlement assemblé, et nomma des commissaires pour ce procès. Ces premiers juges ayant eu le courage de conclure que l'accusé serait reçu à se justifier, le ministre fit casser l'arrêt, et choisit d'autres juges parmi les plus ardens ennemis de Marillac. Les formes de la justice et les bienséances furent indignement foulées aux pieds. Le cardinal osa même faire transférer l'accusé à Ruel dans sa propre maison de campagne, où l'on continua le procès.

Il fallut rechercher toutes les actions du maréchal. « On déterra, dit Voltaire, quelques abus dans l'exercice de sa charge, quelques anciens profits illicites faits autrefois par lui, ou par ses domestiques, dans la construction de la citadelle de Verdun : « Chose étrange, disait-il à ses juges, qu'un homme de mon rang soit persécuté avec tant de rigueur et d'injustice ! Il ne s'agit, dans mon procès, que de foin, de paille, de pierres et de chaux. Cependant ce général, chargé de blessures et de quarante années de services, fut condamné à la mort sous le même roi qui avait donné des récompenses à trente sujets rebelles. »

Les parens du maréchal coururent se jeter aux pieds du roi pour demander sa grâce ; mais le cardinal, importuné de leur présence, les fit retirer. Lorsque le greffier de la commission lut l'arrêt au condamné, et qu'il en

fut à ces mots : *Crime de péculat, concussions, exactions.* « Cela est faux, dit-il. Un
homme de ma qualité accusé de péculat ! »
Il était dit dans le même arrêt qu'on lèverait
cent mille écus sur ses biens pour les employer
à la restitution de ce qu'il avait extorqué.
« Mon bien ne les vaut pas, s'écria-t-il, on aura
bien de la peine à les trouver. » Le chevalier
du Guet, qui l'accompagnait à l'échafaud, et
qui lui voyait les mains liées derrière le dos,
lui dit : « J'ai très-grand regret, monsieur, de
vous voir en cet état.—Ayez en regret pour
le roi et non pour moi, » répondit le maréchal.
Il eut la tête tranchée en place de Grève, à
Paris, le 10 mai 1632. Plusieurs de ses amis
lui avaient offert de le tirer de prison ; mais
il avait refusé, parce qu'il se reposait sur son
innocence.

Cette exécution fut bientôt suivie d'une autre qui fit encore plus de sensation, à cause du
nom et des brillantes qualités de la victime.
C'était le maréchal duc de Montmorency,
l'homme de France le mieux fait, le plus aimable, le plus brave et le plus magnifique.
Mécontent du cardinal de Richelieu, il se
ligua avec Gaston, duc d'Orléans, frère du

roi, et leva des troupes en Languedoc, dont il était gouverneur, pour faire tête aux armées de la cour. Le roi envoya contre les rebelles les maréchaux de La Force et de Schomberg. Lorsque les deux partis furent en présence près de Castelnaudary, Montmorency, remarquant dans Gaston une contenance mal assurée, lui dit pour le ranimer : « Allons, monsieur, voici le jour où vous serez victorieux de vos ennemis ; mais, ajouta-t-il en montrant son épée, il faut la rougir jusqu'à la garde. » Alors Montmorency se précipita sur les bataillons royalistes. Ayant pénétré dans les rangs ennemis, il y tomba percé de coups, et fut pris à la vue de Gaston et de sa petite armée, qui ne fit aucun mouvement pour le secourir.

Toute la France, pénétrée d'admiration pour ses services passés, et pour ses rares qualités, demanda vainement qu'on adoucît en sa faveur la rigueur des lois. L'implacable Richelieu voulait faire un exemple qui épouvantât les grands, et il n'en pouvait pas faire un plus éclatant que sur Montmorency.

Le cardinal fit instruire son procès par le parlement de Toulouse, et le poursuivit avec chaleur. Parmi les seigneurs qui sollicitèrent sa grâce, il y en eut un qui dit au roi : « Vous pouvez juger, sire, aux yeux et aux visages du public, à quel point on désire que vous lui pardonniez. — Je crois ce que vous dites, répondit le prince; mais considérez que je ne serais pas roi si j'avais les sentimens des particuliers. — *Il faut qu'il meure,* » dit-il au maréchal de Matignon. On a écrit que, quand Montmorency fut conduit en prison, on lui trouva un bracelet au bras avec le portrait de la reine Anne d'Autriche. Cette particularité ne dut pas ramener le roi au sentiment de la clémence, qui d'ailleurs n'était ni dans son cœur ni dans celui de son maître, Richelieu.

Montmorency marcha au supplice avec la même fermeté que s'il fût allé à une mort glorieuse. Il eut la tête tranchée le 30 octobre 1632, à l'âge de trente-huit ans, dans l'Hôtel-de-Ville de Toulouse. « Son supplice fut juste, dit l'auteur de l'*Essai sur les mœurs,* si celui de Marillac ne l'avait pas été : mais la mort d'un homme de si grande espérance, qui avait gagné des batailles, et que son extrême valeur, sa générosité, ses grâces, avaient rendu cher à toute la France, rendit le cardinal plus odieux que n'avait fait la mort de Marillac. »

Le ministère du cardinal fut une série de haines soulevées et de vengeances exercées par lui. C'étaient presque tous les jours des rébellions et des châtimens. Le comte de Soissons n'échappa au ressentiment sanguinaire du ministre qu'en périssant à la bataille de la Marfée, où les troupes royales furent battues par les révoltés. Pour cette même affaire, le duc de Guise fut condamné par contumace au parlement de Paris. Le duc de Bouillon, qui avait conspiré avec le comte de Soissons, fit sa paix avec la cour, et dans le même temps trama une nouvelle conspiration.

Comme il fallait toujours au roi un favori, Richelieu lui avait donné lui-même le jeune d'Effiat Cinq-Mars, afin d'avoir sa propre créature auprès du monarque, et de déjouer ainsi plus facilement les menées des grands. Ce jeune homme, d'un esprit agréable et d'une figure séduisante, fut fait successivement capitaine aux gardes, grand-maître de la garde-robe du roi, et grand-écuyer de

France. Il n'avait que dix-neuf ans lorsqu'il fut élevé à cette dernière charge. Il parvint à la plus haute faveur, mais l'ambition étouffa bientôt en lui la reconnaissance qu'il devait au ministre. Il haïssait intérieurement le cardinal, parce que celui-ci prétendait le maîtriser : il n'aimait guère plus le roi, dont le caractère sombre gênait son goût pour les plaisirs. « Je suis bien malheureux, disait-il à ses amis, de vivre avec un homme qui m'ennuie depuis le matin jusqu'au soir ! » Cependant Cinq-Mars dissimulait ses dégoûts dans l'espérance de supplanter un jour le ministre. Richelieu ne fit qu'encourager en lui l'exécution de ce projet en lui causant quelques mortifications auxquelles il fut très-sensible. Cinq-Mars se trouvait ordinairement en tiers dans les conseils que le roi tenait avec le cardinal. « Je veux, disait Louis, que mon cher ami s'instruise de bonne heure des affaires de mon conseil, afin qu'il se rende capable de me rendre service. « Le cardinal, à qui la présence de Cinq-Mars était importune, ne trouvant pas bon qu'il lui marchât toujours sur les talons quand il allait chez le roi, lui reprocha un jour son ingratitude dans les termes les plus énergiques. Il lui dit qu'il n'appartenait pas à une tête aussi légère que la sienne de se mêler des affaires d'état, et qu'il ne faudrait qu'un homme tel que lui pour décréditer la France près des puissances étrangères. Il lui défendit de se trouver désormais au conseil, et le traita si durement que Cinq-Mars en pleura de dépit et de rage. Dès lors il médita une vengeance éclatante.

Ce qui enhardit le plus Cinq-Mars à conspirer, ce fut le roi lui-même. Souvent mécontent de son ministre, de son faste, de sa hauteur, de son mérite même, Louis XIII confiait ses chagrins à son favori qu'il appelait *cher ami*, et parlait de Richelieu avec tant d'aigreur, qu'il enhardit Cinq-Mars à lui proposer plus d'une fois de l'assassiner.

Cinq-Mars avait eu déjà des intelligences avec le comte de Soissons; il les continuait avec le duc de Bouillon et avec Gaston, duc d'Orléans, frère du roi. Les conjurés firent un traité secret avec le comte-duc Olivarès, pour introduire une armée espagnole en France, et pour y mettre tout en confusion.

Cinq-Mars alors était auprès du roi à Narbonne, jouissant plus que jamais de ses bonnes grâces ; Richelieu, malade à Tarascon, était en pleine défaveur , mais il tenait toujours le pouvoir. Heureusement pour lui, une copie du traité secret lui tomba entre les mains, et tout le complot fut découvert. Le cardinal en donna sur-le-champ avis au roi. Il n'en coûta pas beaucoup au monarque pour sacrifier son favori. La faiblesse de son caractère se prêtait à tout. L'imprudent Cinq-Mars fut arrêté à Narbonne, et conduit à Lyon. On instruisit son procès ; il fallait de nouvelles preuves ; Gaston, dont la destinée était toujours de traîner ses amis à l'échafaud, révéla tout pour avoir sa grâce. Le duc de Bouillon fut arrêté au milieu de l'armée qu'il commandait à Casal ; mais il sauva sa vie parce qu'on avait moins besoin de son sang que de sa principauté de Sédan.

Cinq-Mars eut la tête tranchée, à Lyon, le 12 septembre 1642 , n'étant encore que dans la vingt-deuxième année de son âge.

On rapporte que Louis XIII, qui avait si souvent appelé le grand-écuyer *cher ami*, tira sa montre à l'heure marquée pour l'exécution, et dit : « Je crois que *cher ami* fait à présent une vilaine grimace. » Ce mot porte avec lui son commentaire.

Cette victime n'était pas assez pour le vindicatif cardinal ; il frappa en même temps un des amis du malheureux Cinq-Mars , François-Auguste de Thou, fils de l'un de nos meilleurs historiens, digne héritier des vertus de son père. De Thou, haï du ministre, s'était attaché à la personne du grand-écuyer. Il fut soupçonné d'avoir été le confident de tous les secrets des conspirateurs, et arrêté pour n'en avoir pas fait révélation. Il eut beau dire à ses juges : « Qu'il eût fallu se rendre délateur d'un crime d'état, contre Monsieur, frère unique du roi, contre le duc de Bouillon, contre le grand-écuyer, et d'un crime dont il ne pouvait fournir la moindre preuve, » il fut condamné à mort.

Cinq-Mars, attendri sur le sort de son ami, et ne se dissimulant point qu'il était la cause de sa perte, se jeta à ses genoux en fondant en larmes. De Thou, âme sensible et forte, le releva, et lui dit en l'embrassant : « Il ne faut plus songer qu'à bien mourir. » Il fut exécuté avec Cinq-Mars , à l'âge de trente-cinq ans.

Tout le monde pleura un homme qui périssait ainsi pour n'avoir pas voulu trahir son ami.

« De Thou, dit Voltaire, n'était coupable, ni devant Dieu ni devant les hommes. Un des agens de Monsieur, frère unique du roi, du duc de Bouillon, prince souverain de Sedan, et du grand-écuyer Cinq-Mars, avait communiqué de bouche le plan du complot au conseiller d'état (de Thou). Celui-ci alla trouver le grand-écuyer Cinq-Mars, et fit ce qu'il put pour le détourner de cette entreprise; il lui en remontra les difficultés. S'il eût alors dénoncé les conspirateurs, il n'avait aucune preuve contre eux; il eût été accablé par la dénégation de l'héritier présomptif de la couronne, par celle d'un prince souverain, par celle du favori du roi, enfin par l'exécration publique. Il s'exposait à être puni comme un calomniateur.

« Le chancelier Séguier même en convint, en confrontant de Thou avec le grand-écuyer. Ce fut dans cette confrontation que de Thou dit à Cinq-Mars : « Souvenez-vous, Monsieur, qu'il ne s'est point passé de journée que je ne vous aie parlé de ce traité pour vous en dissuader. » Cinq-Mars reconnut cette vérité. De Thou méritait donc une récompense plutôt que la mort, au tribunal de l'équité humaine. Il méritait au moins que le cardinal de Richelieu l'épargnât ; mais l'humanité n'était pas sa vertu.....

« Tout ce qu'on peut dire peut-être d'un tel arrêt, c'est qu'il ne fut pas rendu par justice, mais *par des commissaires*. »

Tous ces faits prouvent que le despotisme n'est jamais plus violent que sous un roi faible. Il y avait pourtant à cette époque des hommes d'une âme forte et intègre, incapables de fausser la justice pour se plier à l'arbitraire. Molé le prouva lors du procès de Marillac, et Richelieu n'osa pas le punir d'avoir fait son devoir de magistrat. Lors du procès de Bernard de la Valette, autre objet de la haine de Richelieu, Louis XIII voulant siéger parmi les juges, le président de Belièvre eut le courage de lui dire : « Qu'il voyait dans cette affaire une chose étrange, un prince opiner au procès d'un de ses sujets ; que les rois ne s'étaient réservé que les grâces, et qu'ils renvoyaient les condamnations vers leurs officiers. Et votre majesté voudrait bien voir sur la sellette un homme devant elle, qui, par son jugement, irait dans une heure à la mort..... » Lorsqu'on jugea le fond, le même président dit dans son avis : « Cela est un jugement sans exemple, voire contre tous les exemples du passé jusqu'à huy, qu'un roi de France ait condamné en qualité de juge, par son avis, un gentilhomme à mort! » Belles et courageuses paroles, dignes d'être méditées par tous les magistrats !

MEURTRE DE PHILIPPE DE GUEYDON,

A AIX.

En 1647, la cour de France voulant abaisser la puissance du parlement de Provence, et se procurer en même temps les sommes considérables dont elle avait besoin pour ses entreprises contre la maison d'Autriche, créa, sous le nom de Semestre, un nouveau parlement qui devait partager avec l'ancien les fonctions de la justice, de manière qu'ils seraient alternativement six mois en exercice chacun. Le ministre n'avait qu'à composer le Semestre de magistrats qui lui fussent dévoués, et alors il n'y avait rien qu'il ne pût entreprendre sur les droits du pays.

Les anciens magistrats firent tous leurs efforts pour exciter un soulèvement à cette occasion. Le comte d'Alais, alors gouverneur de la province, réprima ces mouvemens par sa sagesse et sa fermeté.

La protection ouverte qu'il accordait au Semestre releva le courage de ceux qui, désirant y prendre un office de conseiller, n'avaient point encore osé se montrer, de peur de se faire des ennemis puissans.

Philippe de Gueydon, avocat du roi en la sénéchaussée de Marseille, se mit des premiers sur les rangs. Il éprouva d'abord des difficultés pour remplir quelques formalités préliminaires dont il ne pouvait se dispenser. Les esprits, pendant ce temps-là, s'échauffaient de plus en plus; et comme, dans ces momens de désordre, les esprits les plus modérés sont souvent emportés hors des limites du devoir, il se trouva des hommes que leur zèle aveugle pour l'ancien parlement anima de toute la fureur de la haine. Ils résolurent de se défaire de Gueydon, afin d'intimider par cet exemple ceux qui seraient tentés de l'imiter. Ils délibérèrent d'abord s'ils l'atta-queraient en plein jour, sous prétexte de venger une querelle particulière, ou bien s'ils afficheraient le motif qui les déterminait à l'immoler à ce qu'ils appelaient la cause publique. Ce dernier avis l'emporta, parce qu'il remplissait mieux le dessein qu'ils avaient d'écarter tous ceux qui aspiraient à remplir une place au Semestre.

Il fut décidé qu'on exécuterait le complot pendant la nuit. Gueydon logeait dans la même auberge que le commandant de Castellane - Montmeyan, colonel du régiment de Provence, et plusieurs autres officiers. Il y avait un corps-de-garde à la porte de cette maison. Il semble que la présence de tant de militaires aurait dû intimider des hommes peu accoutumés à des coups aussi hardis; mais l'esprit de parti l'emporta sur toute autre considération.

Les complices, à l'heure convenue, s'assemblent dans une maison voisine de l'auberge. Douze d'entre eux se masquent; ils

devaiént entrer dans la salle à manger pendant qu'on serait à table; les autres, armés
de pistolets et de mousquetons, devaient se
tenir dans la rue pour donner du secours en
cas de besoin. Le souper étant servi et la place
de Gueydon ayant été exactement désignée,
les douze masques entrent dans la salle. L'un
d'eux, en s'arrêtant à la porte, couche en joue
les convives, et dit d'une voix ferme : *Le premier qui bouge est mort.* Dans le même instant,
deux autres masques s'avancent vers Gueydon;
l'un le perce de sa baïonnette, l'autre lui tire
un coup de pistolet. Ce malheureux se trouvait entre le commandant de Montmeyan et
un officier nommé Latour; il tombe mourant sous la table. Un gentilhomme de la
compagnie, effrayé de cet attentat, demande
son épée; les autres se lèvent en désordre,
toutes les personnes de l'auberge accourent.

Alors la frayeur s'empare des masques; ils
tremblent d'être reconnus; ils fuient précipitamment, excepté un qui était en sentinelle
à la porte, et qui, dans le trouble dont il était
agité, avait perdu l'usage de ses sens. Ses
complices, craignant d'être découverts s'ils
le laissaient là, résolurent de le jeter dans un

puits du voisinage. Les crimes ne coûtent plus rien quand on a commencé à en commettre. Mais le mouvement qu'ils firent en le portant le rappela à la vie, et il se trouva en état de les suivre dans une maison voisine. Les auteurs de cet assassinat, dans le désordre inséparable de ce tragique événement, laissèrent tomber deux pistolets et une épée : l'armurier désigna la personne pour qui il avait fait l'un des deux pistolets, et déclara qu'il avait nettoyé l'autre pour un particulier qu'il nomma aussi. Cette déposition, dénuée de toute autre preuve, resta sans effet.

Gueydon, qui n'était pas mort sous les coups de ses meurtriers, ne porta plainte contre personne ; il raconta, sans aucun sentiment de vengeance, de quelle manière l'assassinat avait été commis, et déclara qu'il pardonnait à son assassin, qu'il ne connaissait pas. Il mourut peu de jours après.

LA MÈRE LOUISE,

OU LES RELIGIEUSES DE LOUVIERS.

En 1647, les religieuses d'un monastère situé à Louviers, en Normandie, voulurent, dit-on, se procurer la même réputation que les Ursulines de Loudun, en faisant, comme elles, les possédées. Le bruit s'en répandit aux environs, et le parlement de Rouen trouva l'affaire si grave, qu'il s'en attribua la connaissance, à l'exclusion des juges subalternes. Il reconnut la fourberie de ces religieuses, mais il en reconnut aussi les impiétés ; et les informations ayant été faites, on s'occupa de cette étrange procédure.

La supérieure, que l'on nommait la mère Louise, se trouvait principalement chargée ; et parce qu'elle avait gagné l'affection de la reine par les apparences trompeuses que cette misérable affectait, jusqu'à faire l'inspirée, et par des prédictions qu'elle lui avait faites et qui avaient reçu leur accomplissement, le parlement députa à cette princesse pour l'informer de l'état du procès. Les magistrats n'eurent pas de peine à obtenir la permission d'instruire l'affaire à fond et de punir les coupables.

Ces religieuses de Louviers devaient la fondation de leur couvent à la veuve d'un procureur de la chambre des comptes de Rouen, dont le mari, convaincu d'une friponnerie, avait été condamné à la peine de mort. Sa veuve, ne pouvant demeurer dans une ville où il lui semblait voir à tous momens son mari à la potence, se retira à Louviers, et s'adressa à un prêtre qui lui conseilla, pour mettre son esprit en repos, de fonder un couvent dont elle serait la supérieure. Elle fit en effet bâtir la maison où elle se cloîtra avec les religieuses qui voulurent bien s'y renfermer avec elle. Bientôt la fondatrice mourut ; une jeune religieuse qu'elle s'était associée lui succéda dans la charge de supérieure. C'est elle qui s'est fait connaître sous le nom de mère Louise. On l'appelait auparavant la petite bergère, parce qu'elle était fille d'un berger ; et le prêtre qui était son protecteur auprès de la fondatrice l'avait

trouvée si à son gré, qu'il vivait, disait-on, plus
familièrement avec elle que ne le permettait
leur condition respective. Ce prêtre mourut
peu de jours après l'installation de sa petite
bergère ou de sa jeune religieuse dans la dignité de supérieure, et se désigna, en mourant, le curé de Louviers pour successeur.

Le curé de Louviers, nommé pour prendre soin des religieuses, introduisit dans le
couvent une fille de sa connaissance pour
en être tourière. C'était afin d'y pouvoir entrer
lui-même plus commodément toutes les fois
qu'il le souhaiterait. Le commerce qu'il entretint avec la tourière passait, à ce qu'on dit,
les horreurs les plus détestables et les plus
diaboliques. On sait aussi qu'après avoir
nommé un successeur qui lui ressemblait, il
ordonna, en mourant, que son corps fût enterré entre l'autel et la grille par où les religieuses entendent la messe; mais il n'y eut
pas été plus tôt mis, que toutes, sans en excepter une seule, devinrent comme enragées
ou possédées du diable, prononçant incessamment des blasphèmes contre Dieu et contre
ce qu'il y a de plus saint en la religion.

L'évêque d'Évreux, ayant pris connaissance

de ces désordres, ordonna que le corps fût exhumé, et le fit jeter dans une marnière. Les parens intentèrent procès à l'évêque, et ce fut ce qui donna lieu au parlement de Rouen de connaître non seulement de cet accident, qui n'était qu'un accessoire, mais encore de ce qui concernait la conduite de ce curé, de son prédécesseur et de tout le couvent, et d'examiner d'où pouvaient venir tant d'impuretés et tant de sacriléges qui s'y étaient commis.

Dans le premier moment, la reine avait manifesté le désir que la mère Louise ne fût pas comprise dans la procédure, ne pouvant croire qu'une religieuse qui jouissait d'une aussi haute réputation de sainteté fût coupable de crimes tels que ceux que l'on articulait ; mais, ayant été détrompée, elle laissa liberté entière au parlement.

· Pendant que les juges examinaient cette affaire dans ce qu'elle avait de criminel, les médecins l'approfondissaient dans ses rapports avec la physique, comme un de ces phénomènes avec lesquels la nature se plaît à tourmenter la curiosité humaine ; et d'un autre côté, les exorcistes voulaient savoir si le mal n'avait pas un principe surnaturel, et si les religieuses n'étaient pas possédées. Ainsi la jurisprudence, la médecine et la théologie travaillaient à découvrir ou le crime, ou la maladie, ou la malice et la fourberie de ces religieuses. Les exorcismes ne servirent qu'à faire connaître qu'il n'y avait que de la malice dans la plupart des prétendus possédées, et de la faiblesse d'imagination dans les autres. Les médecins furent partagés dans leur opinion ; quelques-uns croyant les religieuses obsédées, tant il y avait de merveilleux et de surnaturel dans ce qu'elles faisaient ; et les autres, que ce n'était qu'une maladie de femme.

Le parlement ne fut pas embarrassé sur les preuves des impiétés et des sacriléges ; elles n'étaient que trop nombreuses ; mais il crut devoir faire une distinction entre les religieuses hypocondriaques dont l'imagination était malade, et celles qui étaient véritablement et sciemment coupables. Il regarda comme de pures rêveries tout ce que déposaient les religieuses, qui s'accusaient l'une l'autre d'avoir été au sabbat, et d'avoir souffert la compagnie du diable ; mais il considéra comme des abominations et des saletés impies, dignes du dernier supplice, les infâmes prostitutions de la tourière et de la mère Louise, et ce que les prêtres qui avaient eu la direction du couvent avaient persuadé aux religieuses dont ils avaient séduit la simplicité, en leur ordonnant de communier toutes nues, étant eux-mêmes tout nus avec elles, pour se mettre, disaient-ils, en l'état d'innocence de nos premiers parens.

Le parlement, après avoir mûrement tout examiné, tout pesé, rendit un arrêt par lequel les deux prêtres Boulai et Picard furent condamnés, le premier à être brûlé vif, le second à être étranglé et son corps réduit en cendres; ce qui fut exécuté. La tourière subit le même supplice; mais celui de la mère Louise fut différé jusqu'après de plus amples informations, et elle mourut en prison.

Par le même arrêt, le parlement ordonna que toutes les pièces du procès seraient brûlées, afin d'anéantir toutes les traces de tant d'horreurs.

———

MEURTRE DE MONALDESCHI.

La bizarre, l'inconcevable Christine, fille du célèbre Gustave-Adolphe, après avoir abdiqué solennellement la couronne de Suède, vint en France, où elle reçut l'accueil dû à son nom et à sa naissance. Ce fut pendant son séjour dans notre patrie qu'elle se souilla d'un crime horrible, l'assassinat de son grand-écuyer, le marquis Monaldeschi. Cet Italien avait, dit-on, été son amant; du moins il avait joui de toute sa confiance, et elle lui avait révélé ses pensées les plus secrètes. Il paraît qu'il composa secrètement contre cette princesse un libelle où il dévoilait toutes ses intrigues, et où il la traitait avec un profond mépris. Christine en fut informée par des ennemis du grand-écuyer, qui remirent entre ses mains la preuve de leur accusation.

Charmée d'avoir trouvé cette occasion de se défaire d'un homme qu'elle n'aimait plus, Christine fit traîner Monaldeschi à ses pieds, l'interrogea, le confondit. Après les reproches les plus violens, elle le condamna à mourir, et donna l'ordre à son capitaine des gardes, et à deux nouveaux favoris, d'égorger le coupable. Le père Lebel, religieux de l'ordre de la Trinité, du couvent de Fontainebleau, fut mandé au château de cette ville, qu'habitait en ce moment l'ex-reine de Suède. Il fut chargé d'assister le malheureux Monaldeschi pendant ses derniers momens. Le vénérable religieux, digne de son ministère de paix et de miséricorde, se jeta aux genoux de Christine, implora le pardon du grand-écuyer; mais ce fut vainement; elle demeura inflexible, et donna l'ordre de l'exécution.

Lebel, qui a publié une relation de ce meurtre, rapporte que Christine, qui pourtant se disait philosophe, s'éloigna d'une vingtaine de pas pour mieux jouir de ce spectacle. Les bourreaux fondirent sur la victime de tous côtés. Monaldeschi, après une vaine défense, tombe tout sanglant sous le fer de ses assassins. La reine, qui n'entend plus ses gémissemens, s'approche, le contemplé avec une joie féroce, et lui insulte. Monaldeschi, à sa voix, semble s'éveiller, s'agite, se débat;

il élève vers Christine une main suppliante pour lui demander grâce. « Quoi! s'écrie-t-elle avec un accent furieux, tu respires encore, et je suis reine! » Les assassins écrasent aussitôt la tête de ce malheureux, et traînent aux pieds de Christine sa victime expirante. « Non, ajouta-t-elle, non, ma fureur n'est pas satisfaite! Apprends, traître, que cette main, qui versa tant de bienfaits sur toi te frappe le dernier coup. »

Cet attentat contre l'humanité fut commis à Fontainebleau, le 10 octobre 1657, dans la galerie des Cerfs. Le père Lebel prit soin de faire inhumer le malheureux Monaldeschi.

Croirait-on que cette action abominable trouva des apologistes, et que des jurisconsultes firent des dissertations pour la justifier? C'est avec regret que l'on voit figurer le nom d'un Leibnitz parmi ces avocats officieux d'un meurtre sans excuse. « La postérité, dit d'Alembert, trouvera bien étrange qu'au centre de l'Europe, dans un siècle éclairé, on ait agité sérieusement si une reine qui a quitté le trône n'a pas le droit de faire égorger ses domestiques sans autre forme. Il aurait fallu demander plutôt si Christine, sur le trône même de Suède, aurait eu ce droit barbare; question qui eût été bientôt décidée au tribunal de la loi naturelle et des nations. L'état, dont la constitution doit être sacrée pour les monarques, parce qu'il subsiste toujours, tandis que les sujets et les rois disparaissent, a intérêt que tout homme soit jugé suivant les lois. C'est l'intérêt des princes mêmes, dont les lois font la force et la sûreté. L'humanité leur permet quelquefois d'en adoucir la rigueur en pardonnant, mais jamais de s'en dispenser pour être cruels. Ce serait faire injure aux rois que d'imaginer que ces principes puissent les offenser, ou qu'il fallût même du courage pour les réclamer au sein d'une m narchie. Ils sont le cri de la nature. »

La cruelle Christine, élevée dans les principes du despotisme, et despote par nature, n'était pas de cette opinion, si on en juge par une lettre imprimée parmi celles qui ont paru sous son nom. Elle est adressée au cardinal Mazarin, qui avait désapprouvé le meurtre de Monaldeschi. « Apprenez tous, valets et maîtres, dit-elle, qu'il m'a plu d'agir ainsi : je veux que vous sachiez que Christine se soucie peu de votre cour, encore moins de vous.

Ma volonté est une loi qu'il faut respecter; vous taire est votre devoir : sachez que Christine est reine partout où elle est. »

« De quelque faute que Monaldeschi fût coupable envers elle, dit Voltaire, ayant renoncé à la royauté, elle devait demander justice, et non se la faire. Ce n'était pas une reine qui punissait un sujet ; c'était une femme qui terminait une galanterie par un meurtre; c'était un Italien qui en faisait assassiner un autre par l'ordre d'une Suédoise dans le palais d'un roi de France. Nul ne doit être mis à mort que par les lois. Christine, en Suède, n'aurait eu le droit de faire assassiner personne ; et certes, ce qui eût été un crime à Stockholm n'était pas permis à Fontainebleau. Ceux qui ont justifié cette action méritent de servir de pareils maîtres. Cette honte et cette cruauté ternirent la philosophie de Christine qui lui avait fait quitter un trône. Elle eût été punie en Angleterre et dans tous les pays où les lois règnent; mais la France ferma les yeux à cet attentat contre l'autorité du roi, contre le droit des nations et contre l'humanité. »

Christine mourut à Rome le 19 avril 1689.

HISTOIRE DU JEUNE AUBRIOT.

Le libertinage et la cupidité deviennent le plus souvent les sources de la plupart des crimes qui désolent la société. Ce sont deux mobiles dont la funeste puissance ne connaît aucun obstacle et fait braver toutes les considérations, toutes les lois, même celles de la nature, qui devraient être indélébilement gravées dans le cœur de tous les hommes.

Le sieur Guillaume de Aubriot, écuyer, seigneur de Courfrault, avait épousé, au commencement du xviie siècle, Edmée de Longueau, fille d'une famille noble. Cette femme était d'une beauté remarquable : on eût dit que la nature l'avait parée à plaisir de tous ses dons. Le moral n'avait pas été aussi heureusement partagé. Madame de Courfrault, nullement retenue par la pudeur, ce bel ornement de son sexe, montrait un penchant irrésistible pour la galanterie. Elle entretenait une liaison criminelle avec un sieur Dumourier. Ce commerce avait été long-temps favorisé par une absence du mari. Mais celui-ci étant revenu, sa présence devint gênante et odieuse, et l'on songea aux moyens de s'en affranchir.

Il en coûte peu au crime pour se satisfaire : il n'hésite pas à embrasser les partis les plus violens. Il fut décidé entre les deux amans que M. de Courfrault serait empoisonné. Dumourier se chargea de préparer le poison, et l'épouse adultère le présenta à son mari, comme breuvage salutaire et cordial. M. de Courfrault mourut au mois de septembre 1623.

Il laissait après lui deux enfans, une fille nommée Françoise, et un fils nommé Christophe, qui était né estropié. La dame de Courfrault se fit élire tutrice de ses enfans.

Un frère utérin de M. de Courfrault, nommé Jean de Bonneval, homme sans mœurs et sans probité, qui se connaissait en crimes, ne se trompa pas sur la cause et les véritables auteurs de la mort de son frère. Néanmoins, au lieu de songer à en tirer vengeance, il crut plus convenable de s'occuper des moyens de rendre ce crime profitable à sa propre famille et d'en assurer les fruits à un fils mineur qu'il avait.

Il s'agissait de faire entrer dans un couvent

le jeune Christophe de Courfrault, et de faire donner tous les biens de ce jeune homme à sa sœur Françoise, que l'on marierait ensuite avec le fils unique de Bonneval.

En effet, par suite des habiles manœuvres du sieur de Bonneval, le mariage qu'il convoitait fut célébré. Mais les fêtes de la noce étaient à peine oubliées que le procureur du roi à Provins vint troubler le coupable repos de la dame de Courfrault. Il lança contre elle et son amant une accusation portant que celui-ci avait préparé le poison qui avait abrégé les jours de M. de Courfrault, et que sa femme le lui avait administré. Des témoins furent entendus ; le crime fut prouvé, et les deux coupables entendirent l'arrêt qui les condamnait à être brûlés vifs.

La femme adultère et empoisonneuse échappa à l'horreur de son supplice. Son beau-frère, sa fille et son gendre, lui ménagèrent des moyens d'évasion ; mais son complice subit son jugement dont appel, n'avait été interjeté ni par lui ni par son infâme maîtresse.

Toutefois cette femme se trouva bientôt dans une position à regretter d'avoir survécu à Dumourier. Le sieur de Bonneval l'avait à dessein réfugiée dans sa maison ; et lorsqu'il l'eut en son pouvoir, il en devint tout à la fois le geôlier et le bourreau. Il l'avait séquestrée dans une étable, où cette misérable, qui avait évité la main de l'exécuteur de la justice, périt de misère et de faim sous la garde de son cruel beau-frère.

Par cette mort, Bonneval tenait dans sa main la moitié des biens de son frère, dont il avait tant désiré laisser la propriété à son fils. De plus, il était administrateur de l'autre moitié, puisqu'il s'était fait nommer tuteur de son neveu dès que sa mère avait été condamnée.

Cependant, par les soins, par les suggestions du cupide Bonneval, le jeune Christophe avait pris l'habit de novice des chanoines réguliers de l'abbaye de Saint-Jacques à Provins ; et l'on n'attendait plus que la profession de ses vœux pour que la moitié des biens qui lui appartenaient passât sans retour au fils de Bonneval.

Celui-ci néanmoins n'était pas sans inquiétude sur le résultat de ses manœuvres. Le jeune Christophe avait une répugnance marquée pour l'habit religieux ; et quoique Bonneval eût employé tous les moyens , même la menace , pour le gagner ; quoiqu'il eût placé près de lui , en qualité de précepteur , un homme adroit et patelin , nommé Foudreau , qui profitait de toutes les occasions pour persuader le jeune Christophe sur sa vocation à l'état religieux , tous ces moyens paraissaient produire peu d'effet.

D'autres oncles du jeune Christophe essayèrent de l'affranchir des violences dont on usait à son égard pour le dépouiller de ses biens ; mais la partie adverse , Bonneval , habitué à toutes les roueries de la chicane et de la friponnerie , n'eut pas de peine à faire échouer leurs projets.

Enfin le jeune Christophe déclara positivement qu'il ne voulait pas prononcer ses vœux. A cette nouvelle , l'oncle Bonneval entre en fureur , fait venir son neveu à sa maison de campagne , située près de Provins , et l'accueille avec des démonstrations d'amitié. Après le dîner , ils passent au jardin , et font tranquillement quelques tours de promenade. Mais tout-à-coup Bonneval , ne se contraignant plus, arme sa main d'un poignard qu'il avait tenu caché jusqu'alors, et, les yeux étincelans de rage, le visage enflammé, il lève le bras sur son neveu, et lui crie, d'une voix tonnante, qu'il va le poignarder, s'il ne jure à l'instant qu'il prononcera ses vœux dès le lendemain.

Le jeune homme, effrayé, tremblant, tombe aux genoux de son oncle, et pour le désarmer fait le serment qu'il exige de lui. Bonneval se calme, loue la résolution de Christophe, l'exhorte à y persévérer, lui jure, en tout cas, *qu'il ne veut que son bien*, et lui fait concevoir les plus flatteuses espérances.

Cependant Bonneval prépare tout pour que la profession de son neveu ait lieu le lendemain. Puis il l'emmène dans un cabaret, l'enivre, le revêt d'une soutane et d'un surplis, et le traîne en cet état aux pieds des autels en l'abbaye Saint-Jacques, où le malheureux Christophe Aubriot prononça tout haut et publiquement des vœux que son cœur désavouait en secret. L'acte de cette profession ne fut écrit que sur une feuille volante.

Bonneval ne jouit pas long-temps du fruit de son intrigue criminelle. Il mourut peu de

mois après la profession de son neveu, satisfait d'avoir assuré à son fils une grande
fortune.

Mais bientôt ce fils fut lui-même troublé
dans la possession de biens si mal acquis. Les
oncles de Christophe Aubriot, qui avait fait
précédemment un testament à leur profit, se
présentèrent, sa profession religieuse à la
main, réclamant l'exécution de ce testament.
Une guerre très-vive s'alluma entre les prétendans et le possesseur. Christophe entreprit de les mettre d'accord. Le 3 mai 1626,
il protesta devant des notaires contre sa profession et contre les donations qui l'avaient
précédée, assurant qu'elles étaient l'œuvre
de la séduction, et qu'on les lui avait extor-
quées par violence et par contrainte. Il déserta
ensuite l'abbaye, et quitta l'habit religieux.

Bonneval fils et sa femme, sœur de Christophe, alarmés de la fuite de leur frère, qu'ils
avaient dépouillé, le poursuivirent avec un
acharnement qui offre peu d'exemples. Ils
étaient excités par la crainte d'être obligés de
restituer à Christophe la portion de biens
qui lui appartenait.

Christophe, qui s'était retiré à Orléans,

épousa une demoiselle Chevalier, dont la famille était de la province du Berri, et eut un enfant de ce mariage. Puis il obtint de la cour de Rome un bref pour la dispense de ses vœux et la légitimation de son enfant.

Nouvelles procédures, nouvelles persécutions plus vives encore de la part de la sœur et du beau-frère de Christophé Aubriot. On ne saurait s'imaginer que, pour un sordide intérêt, pour soutenir des prétentions de toute injustice, une sœur pût se décider à traverser, à empoisonner ainsi l'existence d'un frère !

Le malheureux Christophe ne put supporter jusqu'au bout tant et de si violentes persécutions. Il mourut sur la fin de l'année 1647, à l'âge de trente-neuf ans, victime des crimes de sa mère et de la cupidité de sa sœur et de son beau-frère.

Sa veuve, élue tutrice de ses enfans, continua à défendre leurs droits avec la même fermeté que son mari, et obtint enfin pleine justice en 1658.

La sœur de Christophe, madame Bonneval, fut obligée à restitution à l'égard des enfans de son frère. Mais elle ne rendit pas à celui-ci la vie qu'elle lui avait abrégée.

LE GUEUX DE VERNON.

Jeanne Vacherot, veuve de Lancelot-Lemoine, ancien notaire à Paris, avait trois jeunes enfans, Pierre, Jacques et Louis, dont elle était tutrice. En 1654, obligée de faire un voyage à Vernon pour mettre en ordre une propriété qu'elle avait en ce pays-là, elle emmena avec elle le plus jeune de ses enfans, et laissa Pierre, âgé de quatorze ans, et Jacques, âgé de dix ans, sous la surveillance de leur grand'mère et d'une servante.

Ces deux derniers, d'une humeur aventureuse et vagabonde comme la plupart des enfans dont l'éducation est négligée, s'évadèrent de la maison de leur mère, et prirent la fuite avec les enfans d'un de leurs voisins, nommé Contard. Les enfans de Contard furent ramenés quelque temps après par un exempt du grand prevôt, mais on n'eut aucune nouvelle des deux autres.

Rien ne saurait exprimer la douleur de la mère à son retour de Vernon, quand elle ne retrouva plus ses enfans. Elle les demanda, elle les chercha de tous côtés; elle usa de tous les moyens pour faire prendre des informations, mais tous ses soins furent sans résultat.

Un jour qu'elle passait près de l'Hôtel-Dieu, ayant aperçu sur l'escalier de cet hôpital un pauvre nommé Montrousseau, ayant près de lui un enfant, elle crut un moment, à cause de quelque ressemblance, que cet enfant était son fils Jacques, mais elle fut sur-le-champ désabusée; elle pria seulement le pauvre de s'informer de ses enfans dans tous les lieux où il passerait, elle lui donna leur signalement. Enfin elle rendit sa plainte au commissaire, et fit ordonner un enquête sur ce malheureux événement.

Au mois de juillet suivant, la dame Vacherot fut ramenée à Vernon par ses affaires. Le 25 du même mois, le mendiant Montrousseau arriva aussi dans cette ville avec son enfant. A son arrivée, il entra dans la principale église pour y demander l'aumône. Quelques personnes, trompées, comme la mère l'avait été, par la ressemblance du jeune mendiant avec Jacques Vacherot, qu'ils avaient vu quelquefois dans la ville, crurent le reconnaître, et éclatèrent en murmures contre la mère : ces bruits se répandirent bientôt dans toute la ville, et gagnèrent la populace, qui répétait de tous côtés que la femme Vacherot était une marâtre, qu'elle avait livré son enfant à ce mendiant, parce qu'elle ne l'aimait pas.

Cette rumeur prit une telle consistance, que les juges de Vernon firent arrêter le mendiant; on lui mit les fers aux pieds et aux mains, et son enfant fut conduit à l'hôpital. La mère Vacherot fut confrontée avec le gueux, qui soutint toujours qu'il était bien le père du jeune enfant conduit à l'hôpital; mais l'enfant, amené devant cette dame, l'apela, sans hésiter, sa mère. Pourtant elle était sûre que ce n'était pas son fils, aussi ne voulut-elle jamais le reconnaître pour tel; mais, redoutant les violences d'une populace prévenue, elle partit de nuit pour revenir à Paris. Elle agit très-prudemment en prenant ce parti, car la maison de Vernon où elle avait demeuré, et où on la croyait encore, fut saccagée par la populace furieuse.

Cependant la procédure était continuée à Vernon: on fit une information à la requête du procureur du roi. On assigna Claude Lemoine, subrogé tuteur, pour élire un curateur à l'enfant du mendiant, à qui on donnait le nom de Jacques Lemoine : le juge, trois semaines après, rendit une sentence par laquelle il accorda à ce nouveau Jacques une pension de cent livres.

La dame Vacherot appela au parlement de Paris de toute cette procédure, et, sur cet appel, le juge de Vernon reçut défense expresse de passer outre ; mais Vernon étant du ressort du parlement de Rouen, il ne crut pas devoir déférer à l'injonction de celui de Paris. Il fallut que le conseil privé du roi décidât sur le conflit des juges, évoquât devant lui toutes les informations, et ordonnât que le mendiant et l'enfant seraient transférés au Fort-l'Evêque à Paris, pour y être interrogés par M. de Lamoignon. Enfin un second arrêt du conseil privé du roi renvoya l'affaire devant le parlement de Paris.

Huit jours après ce dernier arrêt, Pierre, l'aîné des deux enfans qui avaient disparu, revint à la maison maternelle. Son retour inespéré causa une vive joie à sa mère, et vint éclaircir toute cette affaire mystérieuse. Il raconta que Jacques et lui, étant sortis de Paris, ils s'étaient rendus à Vernon, et de là dans la paroisse de Saint-Vast, où ils demandèrent l'aumône. Un gentilhomme nommé Montaut, les jugeant des enfans de famille, les avait hébergés chez lui pendant quinze jours; Jacques, le cadet, tomba malade et mourut. Pierre produisit les preuves du décès de son frère; puis il ajouta que, s'étant évadé de la maison du sieur de Montaut, il avait mené une vie errante et misérable, et que c'était ce qui lui avait donné la hardiesse de revenir.

Cette déclaration, appuyée sur des pièces authentiques, mit fin à toute la procédure. La mère avait retrouvé l'un de ses deux enfans; il était bien constant que l'autre n'existait plus. Le mendiant n'avait pas le moindre rôle à jouer dans cette affaire; il fut mis hors de prison, et on lui rendit son enfant.

Qui peut savoir quelle aurait été l'issue de ce singulier procès, sans le retour de Pierre? Que d'embarras, que de perplexité pour les juges! Que d'inquiétudes, que d'angoisses pour les deux parties, toutes deux également innocentes! Nouvel exemple de la sagacité du peuple, que l'on n'a vantée que trop souvent.

Qu'on se rappelle que la première enquête pour ainsi dire de cette procédure avait été faite par la populace furieuse de Vernon. La justice court presque toujours risque de se tromper, en prêtant trop l'oreille aux préventions populaires.

IMPOSTEUR BIGAME.

Guy de Verré, seigneur de Chauvigny en Poitou, eut, de son mariage avec Marie Petit, deux enfans, Claude et Jacques de Verré. Claude, l'aîné, ayant obtenu, à l'âge de quatorze ans, le grade d'enseigne dans un régiment, quitta la maison paternelle, en 1638, pour se rendre où l'appelait son service, et depuis ce moment ses parens n'eurent plus de ses nouvelles.

Dans cet intervalle, Guy de Verré mourut, et sa veuve se retira dans sa terre de Chauvigny, avec Jacques, son second fils. Le décès de son mari l'avait profondément affligée, et le chagrin que lui causait l'absence de son fils aîné, dont elle ignorait le sort, semblait encore plus cuisant depuis ce funeste événement.

Les troubles de la Fronde déchiraient alors la France. Le commandant du château de Saumur était dans le parti du prince de Condé, et voulait y attirer la ville. La cour envoya le régiment d'Harcourt pour faire le siége de ce château, qui se rendit. Pendant cette expédition, un des officiers de ce régiment profita d'un jour de loisir pour aller à Chauvigny, qui se trouve dans le voisinage de Saumur, et prendre quelques momens de délassement dans cette habitation.

Il fut reçu par Jacques de Verré, qui trouva en lui une ressemblance parfaite avec son frère aîné, que sa mère pleurait depuis si long-temps. Jacques de Verré, en présentant cet officier à sa mère, lui communiqua les idées que lui suggérait cette ressemblance. Le désir de retrouver son fils fit adopter à cette femme comme étant réel ce qu'on ne lui présentait que comme une conjecture. « Vous êtes mon fils, s'écria-t-elle en se jetant dans les bras de l'officier ; vous êtes ce fils dont l'absence m'a tant fait verser de larmes et causé tant d'inquiétude. » L'officier répondit d'abord faiblement qu'il ne l'était pas. L'équivoque qu'il mit dans le ton de sa réponse excita l'impatience de cette tendre mère, qui reprocha amèrement à ce jeune homme la dureté qu'il avait de ne pas convenir qu'il était son fils. « Enfin, lui dit-il, le trouble où me jette la scène qui vient de se passer ne me permet pas de vous faire actuellement bien des ouvertures ; accordez-moi jusqu'à demain le temps de reprendre mes sens. »

Le lendemain, l'officier ne manqua pas de se trouver au rendez-vous. « Êtes-vous mon fils ? s'écria madame de Chauvigny aussitôt qu'elle l'aperçut : Suis-je assez heureuse pour le retrouver ? — Je suis votre fils aîné, répondit affectueusement l'officier ; je suis ce malheureux qui pendant dix-huit ans vous a tant causé d'inquiétude. Je n'osai hier vous l'avouer ; et je n'ai renoncé à la résolution que j'avais prise de vous le laisser ignorer, que quand je n'ai plus eu lieu de douter que j'obtiendrais le pardon que je vous demande à genoux. J'appréhendais d'ailleurs qu'en me déclarant d'abord, le changement qu'une si longue absence a dû apporter dans mes traits et dans toute ma personne ne vous empêchât de me reconnaître, et ne me fît passer à vos yeux pour un imposteur. »

Plus madame de Chauvigny le considérait, plus elle trouvait de raisons pour le reconnaître. « C'est lui, s'écria-t-elle, c'est mon fils. » Elle le présenta, en cette qualité, à sa famille, à ses voisins; elle les invita tous à prendre part à sa joie et à la fête qu'elle donna pour célébrer le retour de son nouvel enfant prodigue.

Tout le monde reconnut le nouveau venu pour l'enfant de la maison; chacun s'empressa de féliciter madame de Chauvigny; et personne n'osa douter que l'officier ne fût véritablement Claude de Verré. Le sieur de Piedfélon, frère de madame de Chauvigny, s'opposa seul à cette reconnaissance générale, et soutint fermement à sa sœur que le nouveau venu n'était autre qu'un imposteur. Mais tout le monde prit cette résistance pour une singularité de caractère.

Ainsi Claude de Verré, ou l'officier se disant tel, demeura en possession de la qualité de fils aîné de la maison, et fut regardé en conséquence par tous les parens, les amis et les voisins de la famille.

Il jouissait agréablement des douceurs que lui avait procurées cette reconnaissance, lorsque le régiment d'Harcourt reçut l'ordre de se rendre en Normandie. Il s'arracha donc des bras de sa famille pour suivre son régiment ; mais il emmena avec lui Jacques, son frère, qui l'avait fait reconnaître avec tant de désintéressement.

Arrivé dans sa nouvelle garnison, Claude de Verré ; épris des charmes de la demoiselle d'un sieur de Dauplé, la demanda en mariage à son père, l'obtint, et l'épousa après une publication de bans et la dispense des deux autres.

Pour éviter les longueurs, Claude de Verré avait fait passer sa mère pour morte ; le contrat n'était que sous seing-privé. Mais, clause assez singulière, le futur s'engageait, en cas de séparation, à payer à la demoiselle Dauplé une somme assez considérable.

Les deux époux ne jouirent pas long-temps des douceurs de leur union ; le sieur de Verré fut obligé de suivre le régiment d'Harcourt, qui était commandé pour aller en Flandre.

A la fin de la campagne, il ne songea pas à aller passer l'hiver auprès de sa femme. Il se

rendit à Chauvigny, où il ramena son frère.
Nouveaux transports de joie de la part de
madame de Chauvigny, nouveaux soins, nouvelles attentions de la part de son prétendu
fils. Cependant, dans les fréquens voyages
qu'il faisait à Saumur, il devint amoureux
d'une jeune personne nommée Anne Allard,
qui était belle, riche, et bien née. Elle aima ce
jeune homme, et eut pour lui des bontés
dont les suites devinrent embarrassantes. Il
n'y avait qu'un moyen de les couvrir d'un
voile, c'était le mariage ; mais Claude de
Verré était déjà marié. Comment sortir de ce
mauvais pas?

Cet embarras fut levé par un bruit qui cir-
cula tout d'un coup dans Saumur, et parvint
jusqu'à Chauvigny, que le sieur de Verré avait
été marié, et que sa femme venait de mourir.
Il confirma ce bruit, en montrant une lettre
qui lui en apprenait la nouvelle, en prenant
le grand deuil, et en faisant paraître, à l'extérieur, tous les signes d'une douleur sincère.

Néanmoins il continuait toujours de voir
secrètement la demoiselle Allard ; et dès que
les règles de la bienséance le permirent, il
confia tout à madame de Chauvigny, se fit

pardonner son premier mariage conclu secrètement, obtint la permission d'en contracter un second, et épousa, le 16 mars 1653, la demoiselle Allard; son contrat fut signé par madame de Chauvigny, et par Jacques de Verré.

Cette mère tendre semblait être au comble de ses souhaits. Son fils aîné, en se mariant, avait quitté le service, et elle le voyait fixé auprès d'elle avec une épouse agréable, et qui, par ses bonnes qualités et son commerce aimable, faisait la félicité de sa famille. La mère et les enfans coulaient des jours heureux; l'union et la concorde régnaient au milieu d'eux; la sage économie de Claude les entretenait dans une honnête aisance; il améliorait, il augmentait les biens; il embellissait le château de Chauvigny, il jouissait, sans partage, du cœur d'une femme belle et vertueuse qu'il aimait, il voyait croître sous ses yeux deux enfans, fruits de son hymen.

Cette famille fortunée goûta ainsi toutes les douceurs de la vie privée pendant cinq ans. Il parut alors dans le canton un soldat aux gardes, dont la présence porta le trouble et la discorde dans cette maison. Ce soldat disait hautement que celui qui se disait Claude de Verré était un imposteur, que ce nom et cette place lui appartenaient. Il racontait qu'ayant quitté la maison paternelle en 1638 pour aller joindre le régiment où son père lui avait procuré le grade d'enseigne, différentes aventures, que son goût pour les femmes et pour la dissipation lui avaient occasionées, s'étaient opposées à son avancement, et il s'était vu réduit, par sa faute, à se faire simple soldat dans le régiment des gardes françaises. Il avait été fait prisonnier au siége de Valenciennes en 1656 ; et, depuis, après une aussi longue absence, il n'avait osé reparaître dans sa famille, craignant de n'y recevoir que de trop justes reproches sur son inconduite.

Mais il apprit qu'un imposteur avait usurpé sa place, et s'était fait reconnaître pour le fils de la maison. Il s'enhardit enfin à paraître devant madame de Chauvigny ; il la conjure de se rappeler ses traits, le son de sa voix, sa démarche, ses attitudes ; il lui fait observer que, dans sa jeunesse, il avait eu une brûlure au front, et que la cicatrice lui en était toujours demeurée. Il lui rappelle mille circonstances de son enfance dont il était impossible à l'u-

surpateur de parler. Mais tout était inutile.
« Je n'ai jamais eu que deux enfans, lui dit-
elle ; ils sont tous deux ici ; ainsi vous êtes un
imposteur. » Celui qui était en possession de
l'état réclamé par le soldat ne manqua pas de
se joindre à madame de Chauvigny , accabla
le soldat d'injures , et le menaça de le faire
punir de la peine des imposteurs.

Le soldat, cependant, ne se rebuta pas de
ce mauvais succès. Il rendit plainte devant le
lieutenant-criminel de Saumur, et prit des
conclusions directes contre l'usurpateur. L'instruction fut entamée. Le lieutenant-criminel,
après les premiers interrogatoires et diverses
confrontations, ne savait plus comment parvenir à la découverte de la vérité. Il sut que
le sieur de Piedfélon, frère de la dame de
Chauvigny , avait constamment refusé de reconnaître le mari d'Anne Allard pour son
neveu, et l'avait toujours traité d'imposteur.
Il pensa que cette persévérance, qui avait résisté au témoignage de sa famille entière , devait être de quelque poids. En conséquence ;
il confronta cet oncle avec le soldat. Il était
certain qu'ils ne s'étaient pas encore vus. Le
soldat n'eut pas plus tôt aperçu le sieur de

Piedfélon, qu'il se précipita dans ses bras, où il fut reçu avec tous les transports de la joie la plus vive. Leurs larmes se confondirent; des mots entrecoupés et les expressions les plus tendres formaient tout leur dialogue.

Le juge, témoin de cette scène, commença à voir la lumière; et il n'eut plus le moindre doute, quand il eu vu tous les parens se ranger du côté du soldat, et embrasser l'opinion de Piedfélon. Il ne balança plus à informer contre l'époux d'Anne Allard, et à le poursuivre comme imposteur.

On entendit en témoignagne une grande partie des officiers du régiment d'Harcourt, qui attestèrent unanimement que l'accusé était le sieur Michel Feydy, sieur de la Lerauderie. D'un autre côté, une foule d'autres témoins, qui avaient connu le soldat dans différentes circonstances, déposèrent qu'ils l'avaient toujours connu sous le nom de Verré.

Cette information, soutenue de la reconnaissance uniforme et constante de toute la famille, décida du sort des prétendans. Le lieutenant-criminel de Saumur, par sentence du 21 mai 1657, déclara le soldat aux gardes être véritablement Claude de Verré, le remit en possession de tous ses biens, et condamna Michel Feydy à être pendu, comme atteint et convaincu du crime d'imposture et de supposition.

Michel Feydy se déroba par la fuite à l'exécution de ce jugement. Pour rendre son évasion plus sûre et plus facile, il mit sa femme dans son secret, l'assurant bien toujours qu'il était le véritable Claude de Verré. Il lui remit sa procuration; elle lui promit d'en faire usage avec tout le zèle dont elle était capable; elle l'aida à enlever tous les effets propres à soulager la rigueur de son exil. Puis il s'arracha de ses bras et disparut, sans que depuis on ait jamais entendu parler de lui.

La sentence du 21 mai 1657 donna matière, comme on le pense bien, à une série de contestations que la justice seule pouvait terminer.

En vertu de cette sentence, le soldat, le véritable Claude de Verré, se mit en possession de la terre de Chauvigny et de tous les biens qui avaient appartenu à son père.

Anne Allard, munie de la procuration de son mari, interjeta appel au parlement de la sentence qui l'avait condamné; mais en même

temps elle attaqua directement, et en son nom,
la dame de Chauvigny et Jacques de Verré.
Il est peu d'exemples d'une situation pareille
à celle où se trouvait la dame de Chauvigny.
Cette tendre mère passe dix-huit années de sa
vie à pleurer la perte d'un de ses enfans. Au
moment où elle s'y attend le moins, son second fils lui présente un homme qu'il prend
pour ce frère si désiré. Elle se laisse surpren-
dre par la tendresse, et l'adopte. Ce nouveau
venu devient l'objet de toutes ses affections.
Tout conspire à la confirmer et à l'entretenir
dans cette douce erreur; et il se trouve que
cet homme n'est qu'un imposteur.

Mais ce qui acheva de dessiller les yeux de
plusieurs personnes encore prévenues, ce fut
l'apparition soudaine de la demoiselle Dauplé,
première femme de Michel Feydy, et dont,
comme on l'a vu, il avait porté le deuil. Elle
demanda à être partie intervenante au procès,
et interjeta appel de la sentence qui condamnait son mari à mort. Elle réclamait aussi à la
dame de Chauvigny et à Jacques de Verré
une pension de cinq cents livres et les arréra-
ges depuis que son mari l'avait abandonnée.

Les débats de cette cause furent vifs, animés, intéressans. Le parlement, par arrêt du 21 juin 1659, mit toutes les parties hors de cour. Le soldat aux gardes fut affermi dans sa possession du nom de Verré et de tous les droits qui y étaient attachés. Les enfans provenus du mariage d'Anne Allard, attendu la bonne foi de leur mère, furent déclarés légitimes. La dame de Chauvigny paya des dommages et intérêts à Anne Allard.

Quant à la sentence de mort qui avait été rendue par contumace, le parlement garda le silence, l'accusé ne se présentant pas en personne. Ainsi Michel Feydy mourut dans les liens de la mort civile.

SIMON MORIN,

OU LE FOU BRULÉ COMME SORCIER.

Ce fut à l'époque la plus brillante du règne de Louis XIV, au moment où les chefs-d'œuvre dans tous les genres, naissaient à la voix du grand roi, au milieu des fêtes magiques de Versailles, dans un temps où la galanterie et le désir de plaire inspiraient les plus belles actions ; où la politesse s'infiltrait de toutes parts dans nos mœurs ; où la guerre elle-même perdait son ancienne rudesse, qu'eut lieu la catastrophe tragique de ce malheureux insensé. Simon Morin s'imaginait avoir eu des visions, et poussait la démence jusqu'à se croire envoyé de Dieu, et à se dire incorporé à Jésus-Christ. De semblables propos ne devaient laisser aucun doute sur la situation de son esprit. Le parlement de Paris, persuadé de la folie de cet homme, le fit renfermer aux Petites-Maisons, seule punition que la justice eut dû lui infliger, même par humanité.

Il se trouva dans le même hôpital un autre fou qui se disait le Père éternel, de qui même la folie a passé en proverbe. La démence de ce maniaque fit tant d'impression sur Simon Morin, qu'il sembla reconnaître la sienne. Il parut pour quelque temps recouvrer sa raison. Interrogé par les magistrats, il leur témoigna tout le repentir qu'il éprouvait ; et ceux-ci, pour son malheur, le firent remettre en liberté.

Il ne tarda pas à retomber dans ses premiers accès. Il chercha à propager les idées de son imagination délirante, qu'il appelait sa doctrine. S'étant lié avec Saint-Sorlin Desmarets, autre visionnaire, celui-ci lui prodigua d'abord toutes les démonstrations de la plus vive amitié, mais il devint bientôt, par jalousie de métier, le plus ardent persécuteur de Simon-Morin.

Ce Desmarets avait commencé par être auteur; mais ses productions attestaient le dérangement de son cerveau. Tantôt c'étaient des tragi-comédies imprimées avec une traduction des psaumes, tantôt un roman d'*Ariane*, et un poème de *Clovis,* à côté de l'office de la Vierge mis en vers. Plût à Dieu, cependant, que ses folies eussent toujours été innocentes! Mais d'abord il déclara la guerre à Port-Royal, et eut l'honneur d'être réfuté par l'illustre Racine; puis il se mit en tête d'être prophète, prétendant que Dieu lui avait donné de sa main la clef du trésor de l'Apocalypse; qu'avec cette clef, il ferait la réforme du genre humain, et qu'il allait commander une armée de cent quarante mille hommes contre les jansénistes.

De semblables assertions, débitées avec toute l'assurance de la vérité, auraient dû, sans difficulté, faire ouvrir les portes des Petites-Maisons pour Desmarets ; mais point du tout, il se fit au contraire des partisans et des protecteurs parmi des hommes que l'on aurait dû supposer sages et éclairés. Il trouva beaucoup de crédit auprès du jésuite Annat, confesseur du roi, qui l'appuya en haine des jansénistes. Il lui persuada que ce pauvre Simon Morin voulait établir une secte presque aussi dangereuse que le jansénisme même. Enfin (et sa folie peut seule l'excuser de ce crime), il porta l'infamie jusqu'à se faire délateur, et obtint du lieutenant-criminel, un décret de prise de corps contre son malheureux rival.

Simon Morin fut condamné à être brûlé vif. Au moment de le conduire au supplice, on trouva dans un de ses bas un papier dans lequel il demandait pardon à Dieu de toutes ses erreurs. Cette circonstance pouvait lui faire obtenir sa grâce ; mais la sentence était confirmée. Il fut exécuté sans miséricorde, en 1663. Cette date seule pourrait faire révoquer en doute la véracité de ce récit, si malheureusement la même époque ne fournissait pas d'autres faits qui, comme celui-ci, font dresser les cheveux d'horreur.

L'ENFANT

RÉCLAMÉ PAR DEUX MÈRES.

La fameuse cause si admirablement jugée par le roi Salomon se représente aussitôt à la mémoire, au simple titre de ce récit. Mais notre histoire n'offre que ce seul point de ressemblance avec celle de la Bible. A part le jugement rendu par le sage monarque des Hébreux, le récit qu'on va lire paraîtra bien plus merveilleux, et rappellera des circonstances qui, bien que très-vraies, pourraient passer pour romanesques. Faisons d'abord connaître quelques-uns des principaux personnages.

Le maréchal de Saint-Géran, de la maison

de la Guiche, avait eu, de son premier mariage avec Anne de Tournon, deux enfans, Claude de la Guiche, et une fille qui épousa le marquis de Bouillé. Après la mort de sa première femme, il avait contracté un nouveau mariage avec la veuve du comte de Longaunay, qui avait elle-même une fille, Suzanne de Longaunay.

Pour sceller davantage leur union, et pour régulariser des arrangemens de fortune, Claude de la Guiche, fils du maréchal, fut marié, le 17 février 1619, avec Suzanne de Longaunay, fille de la maréchale. La jeune mariée n'avait que treize ans, son mari dix-huit ans seulement. A cause de cette extrême jeunesse, ce dernier fit un voyage de deux années en Italie.

Après la mort du maréchal, qui eut lieu le 30 décembre 1632, son fils lui succéda dans le gouvernement du Bourbonnais. Le comte n'avait encore obtenu aucun gage de son union ; sa femme aspirait après l'heureux moment qui lui assurerait le nom si doux de mère. Vingt années se passèrent dans cette espérance toujours déçue. Pèlerinages pieux, consultations de médecins, tout fut mis en usage , mais sans succès ; enfin, en 1640, elle partit de Moulins , sur la fin de novembre , pour venir à Paris. A peine y était-elle arrivée , que des défaillances , des dégoûts , des nausées, des lassitudes, symptômes ordinaires des grossesses, se déclarèrent, à la grande joie de la comtesse, et de la maréchale , sa mère.

Au bout du septième mois , la comtesse fit une chute : les hommes de l'art, qui furent appelés , prirent toutes les précautions pour prévenir les suites de cet accident, et donnèrent la certitude d'une prochaine maternité. La maréchale se rendit auprès de sa fille , au château de Saint-Géran. On retint les nourrices , et l'on attendit la naissance. D'autres parens se trouvaient au château, à la même époque, la marquise de Bouillé , sœur du comte, et le marquis de Saint-Maixant.

Le 16 du mois d'août 1641, la comtesse de Saint-Géran fut surprise des douleurs de l'enfantement, dans la chapelle du château, pendant la messe. On la transporte aussitôt dans sa chambre ; sa famille et ses gens lui prodiguent à l'envi leurs soins, mais sur la remarque de la marquise de Bouillé, que tant de personnes incommodaient la comtese, à cause de l'excessive chaleur, tout le monde sortit sans en excepter la maréchale et le comte ; il ne resta que la marquise de Bouillé, et les deux Quinet ; on n'y souffrit pas même les deux filles de chambre de la comtesse, qui furent éloignées sous divers prétextes. Sur les sept heures du soir, les douleurs continuant, la sage-femme assura que la comtesse ne pourrait y résister, si on ne lui procurait un peu de repos. En conséquence, on lui administra une potion qui la plongea dans un profond sommeil.

A son réveil, la comtesse se trouvant baignée dans son sang, et convaincue que l'état où elle se trouvait lui annonçait qu'elle était accouchée, elle demanda son enfant ; on lui dit qu'elle n'était point accouchée : elle soutint vivement le contraire ; et comme elle parut extrêmement inquiète, la sage-femme s'efforça de la rassurer, en lui disant que le jour ne se passerait pas qu'elle n'accouchât. Cette promesse calma le comte et la maréchale, mais ne tranquillisa point la comtesse, qui voulait absolument avoir été délivrée.

Le lendemain, rien de nouveau : la sage-femme, assaillie de questions pressantes, se retrancha sur l'influence de la lune, et conseilla quelque exercice violent à la comtesse. Celle-ci, après un peu de résistance, monta en carrosse, fut promenée dans des champs labourés, dans des chemins difficiles, et fut tellement secouée, qu'elle aurait péri sans la force de sa constitution.

La comtesse n'acouchant pas, on expliqua ce phénomène, en citant des exemples de femmes qui s'étaient crues grosses sans l'être, et qui avaient nourri leur erreur pendant plusieurs mois; enfin le temps, qui remédie aux plus grandes douleurs, adoucit celle de la comtesse, qui, au bout de plusieurs années, avait fait place à une douce mélancolie.

Beaulieu, maître d'hôtel du comte et de la comtesse, demanda et obtint la permission d'élever à l'hôtel de Saint-Géran un jeune enfant dont il se disait l'oncle et le parrain. Cet enfant avait de grands yeux bleus; ses cheveux étaient blonds et ses traits réguliers. Dès que la comtesse le vit, elle se récria sur sa beauté, et l'emmena à Moulins dans son carrosse. Quoique le comte et la comtesse fussent persuadés que cet enfant était le neveu de Beaulieu, ils l'affectionnèrent bientôt comme leur propre fils. La comtesse ne le

caressait jamais sans une émotion extraordinaire : il lui rappelait celui qu'elle s'était at-
tendue de mettre au jour, et cette pensée
réveillait son ancienne douleur.

Beaulieu, le maître d'hôtel, mourut presque subitement, en 1648. Sa mort offrait
tous les signes de l'empoisonnement. Dans
ses derniers momens, il témoigna un vif désir de demander pardon au comte et à la comtesse d'un grand péjudice qu'il leur avait causé.
Mais ceux-ci, craignant d'avancer sa mort,
évitèrent de se rendre à sa demande.

Cependant la tendresse du comte et de la
comtesse pour l'enfant, prenait toujours de
nouvelles forces. Ils lui procurèrent une éducation digne de leur propre fils, et travaillè-
rent à lui former l'esprit et le cœur. Dès qu'il
eut atteint l'âge de sept ans, ils lui donnèrent
un habit de page de leur livrée, et il les servit
en cette qualité jusqu'à ce que le mystère de
sa naissance fût connu.

Des rumeurs d'abord sourdes et vagues,
mais ensuite plus positives, parlaient depuis
quelque temps d'un complot qui avait été
tramé pour supprimer l'enfant du comte et de

la comtesse de Saint-Géran. Ces bruits vinrent jusqu'aux oreilles du père et de la mère, qui résolurent de remonter à la source, et de faire tout au monde pour découvrir la vérité. La sage-femme fut arrêtée, et quoique ses interrogatoires fussent pleins de contradictions et de dénégations, on y puisa une foule de renseignemens qui répandaient un grand jour sur l'affaire. Mais comme la marquise de Bouillé aurait pu être décrétée par suite de ces révélations, le comte voulut ménager sa sœur, dont le déshonneur aurait rejailli sur lui, et il détourna les poursuites.

Dès que le comte et la comtesse de Saint-Géran soupçonnèrent que leur page était leur enfant, ils écoutèrent sans contrainte la voix de la nature qui leur parlait depuis si long-temps, firent jouir leur fils de son état, et l'appelèrent le comte de la Palice.

La sage-femme fut condamnée par le juge de Moulins à être pendue, après avoir été appliquée à la question, comme atteinte et convaincue d'avoir supprimé l'enfant provenant de l'accouchement de la comtesse. Elle interjeta appel de cette sentence, et fut transférée ensuite à la conciergerie du Palais. Elle mourut en prison avant l'issue de toute cette affaire.

Voici quelques détails sur les auteurs de cette criminelle intrigue, tels qu'on put les recueillir dans les dépositions et débats judiciaires. La marquise de Bouillé, sœur du comte, et le marquis de Saint-Maixant, avaient ourdi toute cette trame. Le marquis de Saint-Maixant, accusé de fausse monnaie, de magie et d'inceste, prévenu aussi d'avoir fait étrangler sa femme pour en épouser une autre, dont il avait projeté de tuer le mari, s'était échappé des mains du prevôt de la maréchaussée d'Auvergne, et s'était réfugié dans le château de Saint-Géran, où il avait été très-bien accueilli. Il y vit la marquise de Bouillé, qui s'était séparée de son mari septuagénaire, dont elle se plaignait beaucoup, mais qui n'avait peut-être pas d'autres torts que son âge avancé. Le marquis avait une figure aimable, la marquise n'était pas sans agrémens ; ils étaient jeunes l'un et l'autre, ils s'aimèrent, comme peuvent s'aimer toutefois des cœurs aussi pervers.

Héritière présomptive du comte son frère,

la marquise voyait s'évanouir toutes ses espérances de fortune par la grossesse de sa belle-sœur. Le marquis amoureux forma le dessein d'unir sa destinée à celle de la marquise, qui y consentit, comptant que le mari septuagénaire était au bout de sa carrière. Le marquis comptait encore davantage sur le secret qu'il avait d'avancer la mort. Ils corrompirent à force d'argent Beaulieu, le maître d'hôtel, la sage-femme, les filles, nommées Quinet, femmes de chambre de la marquise, et, à l'aide de ces subalternes, consommèrent la soustraction de l'enfant de la comtesse de Saint-Géran; de là les précautions que l'on avait prises pour tenir éloignées toutes les personnes étrangères au complot.

Au moment où l'enfant avait vu le jour, la sage-femme se disposait à lui ôter la vie, et déjà elle lui enfonçait le crâne, lorsqu'on le lui arracha des mains. Depuis cet enfant porta toujours la marque de la main meurtrière de la sage-femme; ce qui ne contribua pas peu à le faire reconnaître plus tard pour ce qu'il était. On a pensé que le marquis de Saint-Maixant s'était opposé à la mort du nouveau-né, parce que, se défiant de la promesse que la marquise lui avait faite de l'épouser, il voulait conserver ce gage pour la forcer de tenir sa parole, en menaçant de faire connaître l'état de l'enfant. C'est pourquoi l'enfant avait été confié à Beaulieu, qui l'avait mis en nourrice, l'avait ensuite fait disparaître du village de la nourrice, et conduire à Paris, chez Marie Pigoreau, sa belle-sœur, fille d'un comédien. L'enfant fut baptisé sous le nom de Bernard; et la Pigoreau, qui en prit les plus grands soins, lui donna des langes très-riches et le mit en nourrice au village de Torcy en Brie, le faisant passer pour un enfant de qualité. Plus tard, elle lui donna le nom et l'état d'un de ses enfans qui était mort, et mit ainsi le dernier sceau à la suppression de l'enfant du comte de Saint-Géran. Elle changea de quartier pour mieux réussir dans ce dessein, et vint habiter une paroisse où elle était inconnue. C'était à l'âge de deux ans et demi que l'enfant avait été repris par Beaulieu, qui l'avait introduit, comme nous l'avons vu, à l'hôtel de Saint-Géran.

Le marquis de Saint-Maixant et la marquise de Bouillé tremblèrent en voyant le fils si près du père et de la mère; et pour se défaire d'un complice et d'un témoin importun, on empoisonna Beaulieu.

Le marquis de Saint-Maixant et la marquise de Bouillé ne jouirent pas du fruit de leurs crimes. La marquise mourut, emportant le poids de son secret. Le marquis mourut à la conciergerie, où il était détenu pour les crimes atroces qu'il avait commis antérieurement.

Ainsi les deux principaux personnages avaient quitté la scène avant le dénoûment, et dans le temps que les regards de la justice cherchaient les auteurs du crime qu'ils avaient commis. Mais la dame veuve du duc de Ventadour, fille du second lit de la maréchale de Saint-Géran et sœur consanguine du comte, et la comtesse du Lude, fille de la marquise de Bouillé, résolurent d'entrer en lice pour disputer au jeune comte son état, qui leur ôtait l'espérance de recueillir la succession du comte de Saint-Géran.

A l'instigation de ces dames, et poussée par l'espoir d'une récompense, la Pigoreau se présenta comme étant la véritable mère de l'enfant. Mais son imposture ne tarda pas à être évidente. Confondue, inquiète des suites de cette procédure, elle prit la fuite ; et le parlement rendit, le cinq juin 1666, un arrêt définitif, qui déclarait l'enfant fils du comte et de la comtesse de Saint-Géran, et condamnait la Pigoreau à être pendue par contumace.

Jamais procès ne fut soutenu avec une opiniâtreté égale à celle des dames de Ventadour et de Lude. Mais la tendresse de la comtesse était incapable de se rebuter. Comme elle était devenue veuve depuis quelque temps, elle disait à ses juges, en sollicitant son procès, que, s'ils ne reconnaissaient pas son fils, elle l'épouserait et lui assurerait tout son bien. Aussi sa constance maternelle fut-elle couronnée du plus entier succès.

LE SURINTENDANT FOUQUET.

Le procès du surintendant Fouquet est un des événemens les plus curieux et les plus intéressans du règne de Louis XIV. Sa perte fut tramée avec une perfidie si odieuse, et la conduite de ses ennemis, dont plusieurs siégèrent parmi ses juges, fut si passionnée, qu'on s'intéresserait à l'infortune de Fouquet, quand même il eût été plus coupable qu'il ne l'était réellement.

L'origine de sa catastrophe remonte au temps où Colbert commença à travailler secrètement avec le roi; sa perte était déjà résolue, lorsque le roi accepta la fête magnifique que ce ministre lui donna dans sa superbe maison de Vaux. Cette fête ne servit qu'à irriter davantage encore le monarque contre lui. Les ennemis du surintendant firent remarquer au prince tout ce qu'il y avait d'ambitieux dans la devise de Fouquet. C'était un écureuil avec ces mots : *Quò non ascendam? Où ne monterai-je point?* Les courtisans ne manquèrent pas non plus de faire observer que l'écureuil était représenté partout poursuivi par une couleuvre, qui était les armes de Colbert. Ces réflexions pleines de malignité, ces mots latins, que Louis XIV se fit expliquer, décidèrent du sort de Fouquet.

Une autre cause secrète du ressentiment du roi, et peut-être la plus redoutable, c'est que mademoiselle de La Vallière, qu'il aimait déjà éperdument, avait été pendant quelque temps l'objet des poursuites amoureuses du surintendant, qui n'avait rien négligé pour en faire la conquête. Il avait même fait l'offre de deux cent mille livres à mademoiselle de La Vallière, qui l'avait repoussé avec toute l'indignation de la vertu. Plus tard, le surintendant s'étant aperçu que le roi était son rival préféré, avait voulu être le confident de celle dont il ne pouvait être l'amant. Le roi, instruit de toutes ces particularités, avait fini par concevoir une haine mortelle pour Fouquet.

Louis XIV, dans un premier mouvement de colère et d'indignation, avait été tenté de faire arrêter le surintendant, au milieu même de la fête splendide dont on vient de parler; mais, au lieu de faire un éclat, il aima mieux recourir à la dissimulation. Fouquet était procureur-général du parlement; et cette charge lui donnait le privilége d'être jugé par les chambres assemblées. Colbert, par une adresse peu honorable, l'amena à la vendre. Le surintendant y consentit, et eut la générosité de faire porter à l'épargne les quatorze cent mille francs que cette vente lui procura. Cette belle action ne le sauva pas.

Toutefois, et sans doute pour mieux assurer l'exécution de son dessein, le roi le combla de caresses avant sa disgrâce. Charles IX en avait agi de même à l'égard de Coligny, et son successeur à l'égard du duc de Guise. « Je ne sais, dit Voltaire, pourquoi la plupart des princes affectent d'ordinaire de tromper par de fausses bontés ceux de leurs sujets qu'ils veulent perdre. La dissimulation est alors l'opposé de la grandeur ; elle n'est jamais une vertu, et ne peut devenir un talent estimable, que quand elle est absolument nécessaire. Louis XIV parut sortir de son caractère ; mais on lui avait fait entendre que Fouquet faisait de grandes fortifications à Belle-Isle, et qu'il pouvait avoir trop de liaisons au dehors et au dedans du royaume. »

La cour prit donc des mesures pour arrêter Fouquet d'une manière sûre, au moment même où il s'y attendrait le moins. Les états que l'on tenait en Bretagne favorisèrent ce projet ; le roi s'y rendit sur la fin du mois d'août 1661, prétendant que sa présence y était nécessaire ; et toute la cour le suivit. Le surintendant fut aussi de ce voyage, comme étant un des premiers ministres du conseil, et ayant le plus à voir dans les délibérations de cette assemblée. Le roi s'était fait accompagner du vicomte de Turenne, comme s'il eût eu besoin de ses conseils contre quelque soulèvement. Cette mesure inaccoutumée aurait dû faire ouvrir les yeux au surintendant; mais soit fatalité, soit conviction de son innocence, il ne parut point s'en inquiéter. Il se rendit donc en Bretagne; il fut arrêté sans bruit à Nantes, le 5 septembre; on s'assura de lui comme d'un criminel d'état; il fut conduit à Paris, où des ordres furent donnés pour son procès, qui lui fut fait par commissaires.

Une particularité assez singulière du procès de Fouquet, c'est qu'il se méprit tellement sur les dispositions de ses juges à son égard, que quand il fallut nommer les rapporteurs, madame Fouquet, sa mère, pria le premier président de Lamoignon de donner l'exclusion à d'Ormesson, qui se fit tant d'honneur dans cette affaire par sa courageuse indulgence envers Fouquet. Elle demanda aussi l'exclusion pour Sainte-Hélène, conseiller au parlement de Rouen; en ce point elle rencontra mieux, car Saint-Hélène fut un de ceux qui conclurent à la mort de l'accusé. On sut sans doute à la cour que madame Fouquet avait demandé l'exclusion de ces deux juges, et ce fut pour les ministres un motif de plus pour les maintenir.

Le roi manda le premier président, et lui dit de nommer pour rapporteurs MM. d'Ormesson et Saint-Hélène. Le premier président allégua la prière de la mère de l'accusé : « Ce sont, dit-il, les deux seuls qu'elle ait exclus. — Elle craint, répliqua le roi, l'intégrité connue de ces deux magistrats, et cette crainte est une raison de plus pour les nommer. » Le premier président convint de leur intégrité; mais il représenta que, comme il s'était fait une loi de ne jamais donner aux parties les rapporteurs qu'elles demandaient, il s'en était aussi fait une de ne leur jamais donner ceux qu'elles excluaient. « Que l'accusé, dit d'abord le roi, fort bien instruit par ses ministres, propose ses moyens de récusation, la chambre en jugera; » et il finit par ordonner qu'on conservât les deux exclus. Le premier président pria le roi de prendre du temps pour faire ses réflexions avant de lui donner ses derniers ordres. Le roi assura que ses réflexions étaient faites, et que sa volonté, sur cet article, serait immuable. Le premier président fit des reproches sur cette violence à Colbert et à Letellier, dont Turenne disait, au sujet de ce procès : « M. Colbert a plus d'envie que M. Fouquet soit pendu, et M. Letellier plus de peur qu'il ne le soit pas. »

Colbert et Letellier se montrèrent, dans tout ce procès, ennemis implacables de Fouquet. Le chancelier Séguier, président de la commission, fut celui des juges de Fouquet qui poursuivit sa mort avec le plus d'acharnement, et qui le traita avec le plus de dureté.

Dans les nombreux interrogatoires qu'il eut à subir, Fouquet montra autant de noblesse et de fermeté dans sa contenance que de justesse et de force dans ses réponses. Plusieurs fois il embarrassa et confondit ses juges. Le point où il était le plus vulnérable était l'article des finances ; mais sur cet article même on avait bien moins de reproches à lui faire qu'au cardinal Mazarin. Faire le procès au surintendant, c'était accuser la mémoire de son prédécesseur, qui s'était approprié en souverain plusieurs branches du revenu de l'état, et qui s'était permis les plus grandes dilapidations. Les

juges se retranchèrent sur un projet vague
de résistance et de fuite dans les pays étrangers, projet que Fouquet avait jeté sur le papier quinze ans auparavant, lorsque la Fronde
divisait la France, et qu'il croyait avoir à se
plaindre de l'ingratitude de Mazarin. Cet écrit,
qu'il avait entièrement oublié, s'était trouvé
dans ses papiers parmi ceux qu'il destinait au
feu. « Vous ne pouvez nier, lui dit le chancelier, que ce projet ne soit un crime d'état.
—Je confesse, répondit Fouquet, que c'est
une folie et une extravagance, mais non pas
un crime d'état. Je supplie ces messieurs, dit-
il en se tournant vers les juges, de trouver bon
que j'explique ce que c'est qu'un crime d'état :
ce n'est pas qu'ils ne soient plus habiles que
nous, mais j'ai eu plus de loisir pour l'examiner. Un crime d'état, c'est quand on est dans
une charge principale, qu'on a le secret du
prince, et que tout d'un coup on se met du
côté de ses ennemis, qu'on engage toute sa
famille dans les mêmes intérêts, qu'on fait
ouvrir les portes des villes dont on est gouverneur à l'armée des ennemis, et qu'on les
ferme à son véritable maître ; qu'on porte
dans le parti tous les secrets de l'état. Voilà,

messieurs, ce qui s'appelle un crime d'état. »
Réponse d'autant plus spirituelle et d'autant
plus piquante, qu'elle était l'histoire même du
chancelier et de sa conduite pendant les troubles de la Fronde.

Ce procès ne fut jugé qu'au bout de trois
ans, en 1664. L'irrégularité des procédures dirigées contre l'accusé, la longueur du procès,
l'acharnement odieux du chancelier, enfin le
temps, qui éteint l'envie publique, et qui inspire la compassion pour le malheur, tout
cela fut favorable à Fouquet, ou du moins lui
sauva la vie. Des vingt-deux juges qui opinèrent, il n'y en eut que neuf qui votèrent la
mort, et les treize autres, parmi lesquels il y
en avait à qui Gourville, ami de l'accusé, avait
fait accepter des présens, opinèrent à un bannissement perpétuel, que le roi commua en
une peine plus dure, la prison à perpétuité.

Le chancelier fit exiler l'un des juges,
nommé Roquesante, qui avait le plus déterminé la chambre de justice à l'indulgence. Le
conseiller d'état Guénégaud fut aussi poursuivi et dépouillé de la plus grande partie de
sa fortune; Saint-Évremond, ami de Fouquet, fut obligé de s'expatrier. Pellisson, pre-

mier commis et confident de l'infortuné surintendant, prit sa défense dans plusieurs mémoires, qui sont des modèles d'éloquence. Il
fut enveloppé dans sa disgrâce, fut enfermé
à la Bastille, où il resta quatre ans et demi,
pour avoir été fidèle à son maître. Madame
de Sévigné s'associa à cette noble fidélité pour
le malheur : les lettres qu'elle écrivait à M. de
Pompone, relativement à ce procès, attes-
tent la chaleur et la sincérité de son amitié.
« Louez Dieu, monsieur, écrivait-elle à Pompone, et le remerciez, notre pauvre ami est
sauvé : il a passé de treize à l'avis de M. d'Ormesson, et neuf à celui de Sainte-Hélène. Je
suis si aise, que je suis hors de moi. » L'indo-
lent, le nonchalant La Fontaine lui-même, se
ressouvint qu'il était de ce monde quand il
apprit la chute et la condamnation de son
protecteur. La reconnaissance lui fit mécon-
naître son intérêt : il pleura les malheurs de
Fouquet dans une élégie noble, belle et touchante, adressée aux nymphes de Vaux, et
dans laquelle il osa demander la grâce de son
bienfaiteur au monarque irrité.

Fouquet, après sa condamnation, fut conduit dans la citadelle de Pignerol, avec une

escorte de cinquante mousquetaires sous les ordres de d'Artagnan. On eut la dureté de lui ôter deux fidèles domestiques, Pecquet et Lavalée, qui voulaient partager sa prison. On ne voulut jamais non plus permettre à sa femme de l'accompagner.

Pendant sa captivité, la religion vint à son secours : il composait des livres de piété. Il y avait déjà plusieurs années qu'il était renfermé à Pignerol, lorsque le comte de Lauzun fut envoyé prisonnier au même lieu, en punition de ses emportemens au sujet de son fameux mariage avec *Mademoiselle*, dont le roi n'avait pas voulu approuver la solennité. Jusqu'alors Fouquet, n'ayant eu aucun commerce avec personne, ignorait absolument ce qui se passait à la cour. Quelle fut sa surprise quand Lauzun lui apprit l'aventure de son mariage! Il ne pouvait le croire, et prenait son compagnon d'infortune pour un visionnaire à qui la tête avait tourné dans sa prison.

Fouquet supporta ses fers avec courage et résignation. Il mourut dans sa prison le 23 mars 1680, âgé de soixante-cinq ans, ayant expié, par seize années de captivité, la brillante faveur dont il avait joui.

Quelques auteurs ont prétendu, mais sans preuves, qu'il mourut dans le sein de sa famille, entièrement oublié. Gourville l'assure dans ses *Mémoires*, mais son témoignage a été contredit.

MALHEURS ET FIN TRAGIQUE

DE LA MARQUISE DE GANGE.

Les fastes du crime offrent peu d'histoires d'un intérêt aussi puissant que celle de l'infortunée marquise de Gange. Les charmes et la douceur de la victime, la noire perversité de ses bourreaux, les divers motifs de leur attentat, les horribles circonstances qui le précédèrent, l'atroce cruauté avec laquelle il fut consommé, tout enfin, dans ce drame où le fer et le poison semblent se disputer le premier rôle, concourt à faire passer à chaque instant d'une vive émotion à une émotion plus saisissante encore, et à tenir le lecteur sans cesse en suspens entre la terreur et la pitié. L'amour, si toutefois on peut donner ce nom a des fureurs de tigre, l'amour, la vengeance et la cupidité, forment le nœud et le dénoûment de cette lamentable tragédie.

Diane de Joannis, née en 1635, fille unique du marquis de Roussans, était douée d'une beauté rare qui la fit rechercher de bonne heure par une foule de grands seigneurs. Elle n'était encore que dans sa treizième année, lorsque ses parens accordèrent sa main au marquis de Castellane, jeune gentilhomme d'Avignon. Présentée par son mari à cette brillante cour de Louis XIV, où tant de beautés se disputaient la pomme, la jeune marquise, par les grâces de sa personne, produisit un effet mêlé de surprise et d'admiration. Le monarque ne put se montrer insensible à tant d'attraits; il voulut que celle qui en était parée prît rang dans ses ballets, et se ménagea la faveur de danser avec elle. Dès ce moment, on ne la nomma plus à la cour que la *belle Provençale*. Le célèbre Mignard fit son portrait; et la reine Christine de Suède, qui la proclamait elle-même le plus beau chef-d'œuvre de la nature, lui écrivit des lettres qui sembleraient être de l'amant le plus passionné.

Il y avait huit années que la marquise de Castellane jouissait du bonheur que procurent la beauté, la fortune, et un paisible intérieur, lorsque son époux périt dans un naufrage auprès de Gênes. Très-affligée de cette perte, la jeune veuve quitta la cour, dont elle était un des plus beaux ornemens, et vint se fixer à Avignon, où elle passa trois ans au sein de la retraite la plus profonde.

Plus tard, cédant aux sollicitations pressantes de quelques amis, elle consentit à former une seconde union avec le jeune Charles de Latude, qui porta depuis le nom de marquis de Gange. Les premières années de ce mariage furent heureuses. Deux enfans, un garçon et une fille, vinrent resserrer encore les doux liens qui unissaient les deux époux. Les plaisirs de la société n'avaient aucun charme pour eux ; ils ne se plaisaient qu'ensemble, et la plus courte séparation leur semblait un supplice. Quoique mariés depuis plusieurs années, on les eût pris pour des amans, tant était vive leur tendresse mutuelle.

Mais, après un certain tems, la mono-

tonie de ce genre de bonheur lassa le jeune
marquis ; il avait deux ans de moins que madame de Gange. Bientôt le bandeau de l'a-
mour commença à le gêner ; son charme
était usé pour lui. Insensiblement l'indifférence, la froideur succédèrent à ses tendres
transports, et il rechercha le monde avec autant d'empressement qu'il l'avait fui jusque
là. Ce premier écart devait être le prélude
des malheurs de la marquise. Se voyant délaissée, elle se crut autorisée à suivre l'exemple de son mari ; on la vit reparaître dans la
société. Bientôt elle fut entourée d'adorateurs
avantageux qui lui formaient une petite cour.
Sa conduite n'offrait rien de répréhensible ;
mais la calomnie, ce ver qui s'attache aux fruits
les plus exquis, répandait sourdement les rapports les plus mensongers, et flétrissait la réputation de madame de Gange. L'indiscrète renommée eut soin de porter tous ces propos méchans à l'oreille du marquis : il feignit d'y
ajouter foi, afin d'être encore plus libre pour
son compte, et donna plus d'une fois à sa
femme des scènes de méfiance et de jalousie.

Cependant deux frères du marquis de

Gange, l'abbé et le chevalier, vinrent loger chez lui. L'abbé, sous un extérieur qui annonçait la candeur et la vertu, cachait une profonde scélératesse ; le chevalier était de ces hommes sans caractère que l'on gouverne à son gré, qui font le mal ou le bien indifféremment. Il croyait agir toujours de son propre mouvement, et ne faisait jamais que les volontés de l'abbé, son frère. Toús deux, en voyant leur belle-sœur, conçurent pour elle une ardente passion. Pour satisfaire sa flamme criminelle, l'abbé se servit de tous les moyens en son pouvoir. D'abord, il s'empara tellement de la confiance du marquis, qu'il devint réellement plus maître que lui dans sa propre maison. En possession de l'autorité, il lui restait encore à plaire. Il parla si avantageusement de la marquise à son mari, qu'il fit rendre momentanément à cette belle et vertueuse épouse la confiance et la tendresse qu'elle n'eût jamais dû perdre. Puis il fit connaître à sa belle-sœur qu'elle ne devait qu'à lui seul cet heureux changement. En même temps, se jetant à ses genoux, il lui déclara, dans les termes les plus passionnés, l'amour que ses charmes lui avaient inspiré. La marquise, alarmée, ne répondit à cette déclaration qu'avec indifférence.

L'abbé ayant cru s'apercevoir que son frère, le chevalier, était accueilli plus favorablement, dévora son dépit, et recourut à la ruse : « Nous aimons tous les deux la femme de notre frère, dit-il un jour au chevalier : ne nous traversons pas ; je suis le maître de ma passion, et je veux vous la sacrifier ; mais si, après avoir essayé de vous rendre heureux, vous n'y pouvez réussir, retirez-vous, et j'essaierai à mon tour ; mais ne nous brouillons pas pour une femme. » Là-dessus ils s'embrassèrent, et leur pacte infernal fut conclu.

Le chevalier redoubla alors d'attentions et de soins auprès de sa belle-sœur, mais il échoua aussi complètement que l'abbé, et son amour ne tarda pas à se changer en haine. Suivant leurs infâmes conventions, l'abbé reprit son projet, mais en adoptant un autre plan. N'ayant pu se faire aimer de la marquise en la réconciliant avec son mari, il essaya d'y parvenir par une marche toute contraire. Il ralluma la jalousie dans le cœur du marquis, et l'excita avec acharnement contre sa femme.

Puis il se vanta auprès de sa belle-sœur de ses nouvelles manœuvres, lui déclarant audacieusement qu'il tenait son sort entre les mains, si elle ne consentait à céder à ses désirs. Pour toute réponse, madame de Gange lui tourna le dos, et, dès ce moment, l'abbé, irrité de ses dédains, jura sa perte.

Peu de jours après, on servit à la marquise, par l'ordre de l'abbé, une crème qui contenait de l'arsenic; soit que le poison fût en trop faible dose, soit que madame de Gange n'eût pris que très-peu de crème, la vie de cette malheureuse femme ne fut point en danger, mais elle fut fort incommodée, et encore plus affectée, en se rappelant qu'on lui avait prédit qu'elle périrait de mort violente, et de la main de ses proches.

A cette époque, un incident vint suspendre un moment la vengeance des deux frères pour la rendre encore plus terrible, en lui donnant un motif de plus. M. de Nochères, aïeul paternel de la marquise, mourut; il lui laissa, comme il l'avait promis, tous ses biens, avec la faculté d'en disposer à son gré. Cette riche succession changea aussitôt les dispositions de son mari et de ses beaux-frères à son égard. Les at-

tentions les plus délicates, les prévenances les
plus minutieuses furent employées par eux,
dans le but de capter la marquise, et de s'assurer de son immense fortune; mais ce fut
inutilement. Madame de Gange ne se laissa
pas prendre au leurre. Elle fit même un testament par lequel elle institua sa mère son
héritière, à la charge de remettre sa succession à l'un de ses enfans; elle protesta ensuite
devant le vice-légat d'Avignon contre tout
autre testament qu'elle pourrait faire ulté-
rieurement.

Tel était l'état des choses, lorsque, deux ans
après, la marquise entreprit, à la suggestion
de son mari, le voyage de la terre de Gange.
Avant de quitter Avignon, elle fit à ses amis
des adieux si touchans, qu'elle donna lieu de
croire, après la catastrophe, qu'elle emportait
avec elle un funeste pressentiment. Son mari
l'avait précédée; ses beaux-frères se trouvaient aussi à Gange : tous lui prodiguèrent
encore, dans ce nouveau séjour, les soins les
plus empressés. Mais le marquis se sépara
bientôt de sa femme pour retourner à Avignon, où quelques affaires réelles ou imagi-

naires l'appelaient; et elle resta alors seule avec ses beaux-frères.

L'abbé employa d'abord toute son adresse pour amener sa belle-sœur à révoquer le testament d'Avignon, et à tester en faveur de son mari. Vaincue par ses instances , par ses persécutions déguisées, la marquise consentit à tout. Ce premier point gagné, il ne restait plus qu'à assurer au marquis la jouissance prompte et certaine des biens de sa femme. Il fallait couronner l'œuvre de la captation par un horrible forfait.

Ici commence une suite de scènes dont les détails font frémir et déchirent l'âme. Ici commence, à proprement parler, la longue et douloureuse agonie de madame de Gange. Le 17 mai 1667, la marquise étant retenue au lit par une indisposition, demande une potion purgative. On lui présente une médecine préparée, disait-on, suivant l'ordonnance d'un médecin du lieu; mais ce breuvage lui sembla si noir et si épais, qu'elle refusa de le prendre, et s'en tint à des pilules dont elle faisait usage habituellement. Quelques dames du voisinage viennent visiter la malade : leur visite termi-

née, l'abbé les reconduit, laissant le chevalier
seul avec la marquise. Mais il reparaît bientôt, tenant d'une main un pistolet, et de
l'autre un verre de poison ; ses yeux étincel-
lent de fureur ; ses traits altérés donnent à sa
physionomie une couleur sinistre. Il s'approche du lit de sa belle-sœur, en lançant sur elle
des regards terribles. Le chevalier suit son
frère, l'épée nue à la main. La marquise croit
qu'il veut la défendre. Infortunée ! elle ne
tarde pas à être désabusée. « *Madame*, lui
dit l'abbé, *il faut mourir ; choisissez le feu, le
fer ou le poison. Moi mourir !* s'écrie la marquise ; *de quel grand crime suis-je donc coupable ? Ayez pitié de moi, je vous en conjure.
C'en est fait, madame*, réplique le chevalier,
*prenez votre parti ; si vous ne le prenez pas,
nous le prenons sur-le-champ pour vous.*» Alors,
voyant qu'il n'y a aucune pitié à attendre de
ces monstres, la marquise lève les yeux au
ciel, comme pour le prendre à témoin, et
tend la main au verre de poison que l'abbé
lui présente. Tandis que la victime avale cette
liqueur, le chevalier lui offre la pointe de son
épée, et l'abbé lui tient le pistolet sur la gorge.
Cependant le chevalier s'aperçoit qu'elle laisse

au fond du verre le plus épais du breuvage ; il ramasse avec soin ce résidu, le place au bord du verre, et le présente à la marquise, qui le prend, mais le retient dans sa bouche, et, se laissant aller sur son chevet, le rejette dans ses draps. Elle conjure ensuite ses assassins de lui accorder le secours d'un confesseur pour mourir en paix avec Dieu. Les scélérats sortent, ferment la porte à la clef, et vont donner ordre au vicaire du lieu, qui leur est dévoué, de se rendre auprès de la marquise, et d'assister à ses derniers momens.

Cependant madame de Gange avait, au milieu de ses angoisses et de ses souffrances, conservé toute sa présence d'esprit ; elle se couvre à la hâte d'une jupe de taffetas, et monte sur une fenêtre élevée d'environ vingt-deux pieds au-dessus du sol, et qui donnait sur la cour du château ; elle allait se précipiter, lorsque Perrette, le vicaire du lieu, arriva. Il s'élance vivement sur elle et la saisit par sa robe ; il ne lui reste qu'un lambeau dans la main ; la marquise tombe ; mais l'effort du prêtre pour la retenir, en changeant la direction du corps, la fait tomber sur ses pieds, et prolonge momentanément son existence. L'in-

fâme-Perrette, digne agent des deux beaux-
frères, la voyant sur le point de s'échapper,
lance sur elle une grosse cruche pleine d'eau;
mais il ne l'atteint pas, et la marquise a le
temps d'introduire dans son gosier le bout
de la tresse de ses cheveux et de provoquer un
vomissement qui lui procure un moment de
soulagement; elle cherche ensuite à s'évader.
Toutes les issues sont fermées; un palefrenier,
touché de sa situation, la fait sortir par les
écuries, et la remet entre les mains des premières femmes qu'il trouve sur son passage.

Avertis par Perrette de la fuite de leur victime,
l'abbé et le chevalier la poursuivent en criant
qu'elle est folle; le chevalier l'atteint près de
la maison d'un habitant, l'entraîne dans cette
maison, et s'y enferme avec elle, tandis que
l'abbé, en sentinelle sur le seuil de la porte,
présente le pistolet à tous ceux qui osent en
approcher. L'hypocrite ne veut pas, dit-il,
que sa belle-sœur, dans sa folie, se donne en
spectacle à tout le monde. Cependant des
femmes qui se trouvaient dans l'intérieur de
la maison se disposent à lui administrer des secours; on lui donne un verre d'eau; le chevalier frémit de rage, il casse d'un coup de poing

le verre entre les dents de sa belle-sœur, protestant toujours qu'elle était folle, et insistant
pour qu'on se retirât. Madame de Gange elle-
même, espérant encore fléchir ce forcené, demande à rester seule avec lui. Tout le monde
se retire ; mais, ni ses larmes, ni ses prières, ni
ses promesses, ne peuvent la sauver de la fureur du monstre; il tire de nouveau son épée,
et deux fois lui perce la poitrine; elle appelle
au secours en fuyant; il la poursuit, lui plonge
encore cinq fois l'épée dans le corps, et lui en
laisse le tronçon dans l'épaule. Croyant alors
son crime consommé, il va rejoindre son
complice, en lui disant : *Retirons-nous*, abbé,
l'affaire est faite.

Aux cris de la marquise, les femmes qui
s'étaient éloignées accourent : on appelle
un chirurgien par la fenêtre. Qui pourrait le
croire, même après tout ce qu'on vient de
lire? l'abbé, qui se retirait avec son frère,
revient sur ses pas en entendant appeler un
homme de l'art, rentre dans la chambre, tra-
verse la foule, le pistolet à la main, et va l'appuyer sur le sein de la marquise. Une femme,
saisissant l'assassin par le bras, change la direction du coup. Le furieux lui assène un vio-

lent coup de poing sur la tête : il veut ensuite se servir de son arme comme d'une massue pour assommer sa belle-sœur; mais on se précipite sur lui avec violence, et on le pousse jusqu'à la porte de la rue avec une grêle de coups. Le scélérat s'évade avec son frère, à la faveur des ténèbres.

Cependant la marquise de Gange survivait encore à tant de traitemens atroces. Tout ce qu'il y avait de plus considérable dans les environs vint la visiter. La justice se mit à la poursuite des assassins. Le marquis de Gange, qui avait appris à Avignon l'assassinat de sa femme, revint enfin auprès d'elle. Il en fut reçu avec toutes les démonstrations de tendresse qu'eût méritées le meilleur des époux; et cependant toute sa conduite ne fit que corroborer les soupçons de complicité qui planaient sur lui. D'abord, après avoir reçu la nouvelle de la catastrophe de madame de Gange, il était resté à Avignon jusqu'au lendemain, sans même en ouvrir la bouche à ses amis; il avait aussi éclaté en imprécations contre ses frères, et il ne fit ensuite contre eux aucune poursuite. Puis, à peine arrivé auprès de sa femme, la première demande qu'il lui fit, fut celle de rétracter la protestation qui avait suivi son testament d'Avignon, lui faisant observer que le vice-légat avait, à cause de cette protestation, refusé d'enregistrer son testament fait récemment à Gange. Ces preuves morales ne sont-elles pas accablantes?

Après dix-neuf jours d'horribles souffrances, madame de Gange expira, priant encore pour ses assassins, et après avoir recommandé à son fils de n'exercer contre eux aucune vengeance. Madame de Roussans, sa mère, se porta sur-le-champ accusatrice des meurtriers de sa fille, et le 21 août 1667, le parlement de Toulouse condamna l'abbé et le chevalier de Gange à être rompus vifs, le prêtre Perrette aux galères perpétuelles, et le marquis de Gange au bannissement perpétuel. Les deux principaux complices parvinrent à se soustraire à l'exécution de cet arrêt. Le chevalier, entré au service de la république de Venise, fut tué au siége de Candie; l'abbé passa en Hollande, où il eut de nouvelles aventures. Le prêtre Perrette ne survécut pas long-temps à son crime; il fut attaché à la chaîne, et mourut en chemin. Quant au marquis de Gange, pour qui la sentence avait été moins sévère, parce que la preuve de sa culpabilité n'était pas trouvée assez complète, il fut rappelé en France par la piété de son fils, et rentra au château de Gange : mais, ayant cherché à séduire sa belle-fille, le jeune marquis, autant pour le repos de sa femme que pour le sien, demanda de nouveau l'éloignement de son misérable père, qui se réfugia dans une petite ville du comtat Venaissin, où il mourut à l'âge de cent ans : punition bien longue pour une conscience qui devait être bourrelée de remords.

SUPPLICE

DU MARQUIS DE LA DOUZE,

ACCUSÉ D'AVOIR EMPOISONNÉ SA FEMME.

Les détails circonstanciés de cette histoire ne nous ont pas été conservés. Ce qu'on en sait se trouve dans des lettres adressées, vers la fin de 1669, au comte de Bussy-Rabutin.

Des indices violens s'élevaient contre le marquis de la Douze : toutefois on ne peut lire les particularités de sa mort sans éprouver le besoin de croire à son innocence. On a vu déjà les indices les plus véhémens causer de si funestes erreurs! Il est permis de penser que le marquis de la Douze eût été absous, n'eût peut-être pas même été accusé, si les désordres de sa conduite n'étaient pas venus appuyer, corroborer les preuves alléguées contre lui. Du moins il sortira de cette conjecture une *réflexion utile*; c'est qu'une vie irréprochable est un bouclier qui repousse les traits mêmes de la calomnie.

Le marquis de la Douze était d'une humeur très-galante, et d'une conduite fort dissipée. Ayant perdu sa première femme, il épousa quelque temps après la fille du président Pichon, de Bordeaux. Bientôt on l'accusa d'avoir empoisonné celle qu'il venait de remplacer avec tant d'empressement. Il fut arrêté et mis en prison. Sa seconde femme, à cette nouvelle se déguise en homme et s'introduit dans son cachot pour lui donner des conseils, et concerter avec lui des moyens de défense. Mais accusée elle-même d'avoir aidé le marquis à empoisonner sa première femme , et ses démarches auprès de son mari fortifiant ce soupçon, elle ne tarda pas à être arrêtée comme sa complice.

Le marquis avait eu aussi le malheur de tuer en duel le frère de sa première femme. Ce duel fut transformé en assassinat, et fournit un chef de plus à l'accusation. Le marquis fut condamné à la peine capitale. C'était un homme de trente-cinq ans, beau, et d'un air fort noble. Tout ce qu'il fit et dit, depuis la lecture de son arrêt jusqu'au moment de l'exécution, fut héroique, sans jactance et sans affectation. Aussitôt qu'il eut entendu sa sentence, il s'approcha, sans s'émouvoir', de l'autel, et levant les mains au ciel : « Vous le voulez, Seigneur, dit-il ; je le veux bien aussi. » Puis se retournant vers le commissaire. « Je vous remercie, monsieur, lui dit-il, d'avoir opiné pour moi; je sais de quel avis vous avez été; et Dieu m'est témoin que, si je pouvais, je vous donnerais des marques de ma reconnaissance : cependant j'atteste ce même Dieu que je meurs innocent. » Il écrivit ensuite les mots suivans à sa femme : « Ma très-chère et très - aimable enfant, je m'en vais mourir très-satisfait, puisque Dieu le veut. Le seul déplaisir qui me reste est de n'avoir point vu mon fils. Je vous le recommande, et je vous prie de le faire élever dans la crainte de Dieu. Je suis un bel exemple. »

Un de ses amis, présent à ces derniers instans, pleurait ; le marquis de la Douze, se promenant sans pleurer, se tourna tout-à-coup, et lui dit : « Ah ! monsieur, je vous demande pardon si je me promène sans vous entretenir : l'état où je suis est un peu violent, et l'action me soulage. »

Vers le soir, on le mit dans un tombereau avec deux cordeliers et le bourreau. Il fut conduit par la ville pour être mené à l'échafaud. Ayant vu à une fenêtre une dame qu'il avait beaucoup aimée, il la salua deux fois avec un profond respect. Il était tête nue, et les pieds liés, et par grâce on lui avait laissé son pourpoint. Au pied de l'échafaud, on lui dit : « Monsieur, prenez la peine d'instruire la cour de l'assassinat commis en la personne de votre beau-frère.—Moi, dit-il, d'un ton assuré, un assassinat ! cela est faux ; c'est le plus beau combat qui ait jamais été fait en Guienne. » Il monta hardiment avec le confesseur; on le dépouilla ; il noua lui-même son mouchoir, s'assit sur le poteau, puis se releva pour dire encore un mot à son confesseur. Le bourreau lui dit : « Monsieur , j'ai un grand déplaisir d'avoir à commencer le métier par vous.—Hélas ! lui répondit le marquis, je te remercie : tu es ici le seul qui me regrette : je te prie de me laisser dire quelque prière quand j'aurai le cou sur le poteau. » Il cria trois fois *Jésus*, et dit ensuite : *Frappe quand tu voudras.* Le coup l'empêcha d'en dire davantage.

Sa femme avait été renvoyée de l'accusation : circonstance qui donne encore une nouvelle force à l'opinion que nous avons émise en commençant ce récit.

LE JUIF DE METZ.

La femme d'un charron du village de Glatigny, dans le pays Messin, allant, le 15 septembre 1669, laver son linge à une fontaine voisine, son enfant, âgé de trois ans, qui la suivait à quelque distance, se laissa tomber; elle voulut aller le relever; il lui dit, dans son petit langage, qu'il se relèverait bien tout seul. Alors elle continua son chemin vers la fontaine. Un quart d'heure après, ne voyant pas reparaître son enfant, l'inquiétude s'empare de cette bonne mère; elle retourne sur ses pas, va jusqu'à sa maison, revient à la fontaine, mais en vain; pas un seul vestige de son enfant. Elle va tout éplorée demander à ses parens, à ses voisins, s'ils n'ont pas vu son enfant; personne ne l'a vu; toutes les informations, toutes les recherches sont infructueuses.

Enfin la mère s'étant avisée d'aller sur le grand chemin de Metz, y trouva l'empreinte des petits pieds de son enfant. Voyant venir de son côté un homme à cheval, elle l'attendit, et lui demanda s'il n'avait pas vu un enfant dont elle lui donna le signalement. Le cavalier répondit qu'il avait rencontré un Juif monté sur un cheval blanc, portant devant lui un enfant d'environ trois ans.

Sur cet indice, le charron, qui avait accompagné sa femme sur la route, part, et arrive tout courant à la porte de Metz. Il s'informe,

auprès d'un tourneur établi près de la porte,
s'il n'a pas vu entrer dans la ville un enfant de
trois ans; le tourneur lui fait une réponse
toute semblable à celle du cavalier. Un paysan précise encore mieux le fait, en ajoutant
que ce Juif était Raphaël Lévi, de Boulay, et
que, lorsqu'il venait à Metz, il logeait chez
son parent, nommé Garçon.

Le charron se rend aussitôt à l'adresse indiquée; il y réclame son enfant; on lui répond
qu'on ne sait ce qu'il veut dire. Ce malheureux père se désespérait à quelques pas de
là, interrogeant toutes les personnes qu'il
rencontrait, lorsqu'une jeune fille juive s'approche de lui, et lui dit en allemand qu'il
ne fallait rien dire. Le charron, qui compre-
nait l'allemand, fut comme atterré par ces
mots; il ne douta plus que son fils ne fût
perdu sans ressource, et résolut d'en tirer
vengeance.

Il alla aussitôt rendre sa plainte de l'enlèvement de son fils, au lieutenant-criminel du
bailliage, le 3 octobre 1669.

Les Juifs de Metz, avertis qu'on poursuivait
leur frère Raphaël, lui écrivirent de venir de
Boulay à Metz, pour se justifier. Il se rendit

à cette invitation ; les Juifs le conduisirent chez le commandant de la ville, qui lui dit que, s'il était innocent, il ne lui arriverait rien. Le lieutenant-criminel avait déjà décrété contre lui, et fait défense de laisser sortir aucun Juif de la ville. Raphaël se constitua de lui-même prisonnier. Une enquête eut lieu ; dix-huit témoins furent entendus ; et, après la confrontation, il fut reconnu que Raphael Lévi avait enlevé l'enfant.

Les Juifs, qui s'intéressaient à leur coreligionnaire, le défendirent au moyen de l'alibi qu'ils essayèrent de prouver ; mais ils ne purent y parvenir, et le procureur du roi du bailliage conclut à ce que Raphaël Lévi fût brûlé vif, et appliqué préalablement à la question ordinaire et extraordinaire. Le procureur-général évoqua sur-le-champ cette affaire au parlement.

Le geôlier vint déposer que le Juif avait jeté un billet à la servante de la maison, et qu'il en avait trouvé plusieurs autres dans sa poche : ces billets étaient écrits en hébreu et en allemand ; on les traduisit. Dans le billet nº 1, le Juif, écrivant à ses frères de Metz, leur faisait part des inquiétudes que lui causait son affaire. Le billet n° 2 marquait qu'on lui enverrait un petit brin de paille pour mettre sous sa langue, lors de l'interrogatoire. On lisait dans un autre : « Si (Dieu t'en garde) on te veut donner la question, tu diras trois fois : *Moi Juif; Juif moi; vive Juif, Juif vive; mort Juif, Juif mort.* » Les autres billets avaient été écrits à Raphaël par quelques-uns de ses amis, qui lui donnaient des instructions sur ce qu'il devrait opposer aux témoins, lors de la confrontation.

Cependant les Juifs répandirent le bruit que l'enfant du charron avait été dévoré par des bêtes féroces; et, pour le prouver, ils exposèrent sa tête, et partie du col et des côtés, et ses habits, dans un bois, à un quart de lieue de Glatigny; la chemise de cet enfant fut mise sur un buisson. En même temps plusieurs personnes, envoyées par eux, vinrent faire des recherches dans le bois. Des porchers trouvèrent peu après les restes du petit cadavre, plus deux petites robes l'une dans l'autre, un bas et un bonnet rouge. Un conseiller se transporta sur les lieux avec le charron, qui n'eut pas de peine à reconnaître que le tout appartenait bien à son malheureux enfant.

Tout ce qu'on avait trouvé dans le bois fut déposé au greffe ; mais le Juif, interrogé, s'inscrivit en faux contre l'enlèvement de l'enfant.

Comme l'enquête suivait son cours, un autre Juif, nommé Gédéon Lévi, demeurant à une lieue de Glatigny, fut accusé d'avoir porté dans une hotte quelque chose au bois dont on vient de parler. Arrêté et interrogé, il nia le fait ; mais il convint que les autres Juifs l'avaient sollicité pour engager du monde à chercher dans le bois. Cependant les témoins déposaient toujours contre les ruses et les menées de l'Israélite Raphael. Celui-ci, d'un autre côté, variait dans tous ses interrogatoires. Enfin le parlement rendit son arrêt définitif du 16 janvier 1670, qui confirmait la sentence du premier juge, et, de plus, condamnait Raphaël à quinze cents livres de dommages-intérêts envers le père de l'enfant. L'arrêt portait en outre que Gédéon Lévi serait appliqué à la question ordinaire et extraordinaire, pour découvrir ceux qui avaient exposé l'enfant dans le bois ; que Maieur Schuaube, Juif, serait arrêté, et sa femme ajournée, et qu'il serait plus amplement informé du lieu où l'enfant avait été mis.

Ce Maieur Schuaube était un des principaux directeurs des Juifs de Metz, et en cette qualité, on présumait qu'il devait avoir eu connaissance de l'enlèvement de l'enfant, qui sans doute avait été destiné à être sacrifié, crime dont les Juifs étaient hautement accusés. Il avait été accusé formellement dans le procès, par les témoins à charge, d'avoir autrefois, de concert avec d'autres gens de sa religion, flagellé un crucifix, autre crime que les Juifs sont véhémentement soupçonnés de commettre, selon les rites de leur communion.

Raphaël Lévi, n'ayant fait aucun aveu à la question, fut mis entre les mains de deux confesseurs, un curé et un capucin; mais celui-ci, malgré toute leur adresse, malgré les ambages de leurs questions, persista dans une dénégation complète. Il fut Juif jusqu'à la mort, qu'il subit avec une grande fermeté. Gédéon Lévi, qui avait souffert la torture sans avoir rien avoué, fut condamné à un bannissement perpétuel, et ses biens confisqués; Maieur Schuaube dut payer une amende de trois mille livres, et il fut défendu aux Juifs, sous peine de la vie, d'attenter dorénavant dans leur synagogue, à la religion chrétienne;

de s'assembler ailleurs que dans ces synago-
gues, les portes ouvertes, à peine de cinq
cents livres d'amende; et de sortir de leur
quartier depuis le mercredi saint jusqu'au
mercredi suivant. De plus, la cour ordonna
que l'arrêt serait gravé sur une plaque de
cuivre, et attaché à un poteau dans la rue des
Juifs.

Quant à l'horrible forfait qui donna lieu à
cet arrêt, il demeura toujours enveloppé d'un
affreux mystère. On avait la certitude du
crime, la connaissance de ses auteurs, mais
on ne put que former des présomptions sur
les circonstances abominables qui avaient
accompagné son exécution.

LE LIEUTENANT-CRIMINEL TARDIEU

ET MARIE FERRIER, SA FEMME.

LEUR ASSASSINAT.

Jacques Tardieu, lieutenant-criminel de Paris, était d'une bonne famille de la robe. Il était neveu de Jacques Gillot, conseiller-clerc au parlement de Paris, chanoine de la sainte-Chapelle, et l'un des principaux auteurs de la fameuse *satire Ménippée*. Jacques Tardieu avait de l'esprit et de l'instruction ; mais il était enclin à un vice hideux, l'avarice. Avec une semblable faiblesse, le mariage fut pour lui plutôt une affaire de bourse qu'une spéculation de sentiment ; il tint beaucoup moins de compte des yeux de sa prétendue que de ceux de sa cassette. Il épousa Marie Ferrier, fille de Jérémie Ferrier, qui avait été ministre protestant à Nîmes, et qui abjura ensuite le calvinisme. Marie Ferrier était extrêmement laide et mal faite. On dit pourtant qu'elle avait été belle dans sa jeunesse, mais la petite vérole en avait fait un monstre de laideur.

« Du reste, une merveilleuse sympathie unit dès l'abord ces deux époux dignes l'un de l'autre. A la grande satisfaction de Tardieu, sa femme se trouva être encore plus avare que lui. Qu'on juge de sa joie lorsqu'elle lui reprocha la trop grande prodigalité qui régnait dans sa maison! Aussi ne balança-t-il pas à remettre le gouvernail de ses affaires domestiques entre les mains d'une aussi bonne ménagère. Celle-ci fit sur-le-champ une réforme complète. Plus de valets, plus de servantes; les plaideurs qui venaient solliciter étaient obligés de panser les chevaux de la maison, et de les mener à l'abreuvoir. Mais cela ne dura pas long-temps. Elle vendit premièrement les chevaux, et puis la mule; et quand le lieutenant-criminel était obligé de suivre quelque condamné au supplice, il empruntait une monture. Il ne resta chez eux qu'un vieux valet, nommé Desbordes, qui portait ordinairement une méchante casaque rouge.

L'avarice marche rarement seule : quand on n'a jamais assez pour soi, on se fait peu de scrupule de retrancher aux autres. La dame Tardieu n'entrait jamais dans une maison qu'elle n'y escroquât quelque chose , et quand elle n'y pouvait rien prendre , elle empruntait et ne rendait jamais. C'est d'elle que Racine dit dans ses *Plaideurs* :

> Elle eût du buvetier emporté les serviettes ,
> Plutôt que de rentrer au logis les mains nettes.

Elle avait effectivement pris quelques serviettes chez le buvetier du palais. Dans une maison voisine de la sienne , il y avait un lieu de débauche où elle allait tous les jours pour y attraper son dîner ; et elle ne manquait jamais d'envoyer à son mari une partie de ce qu'il y avait sur la table. En échange , le lieutenant-criminel accordait sa protection à ce lieu d'honneur ; mais le chef de la justice le fit déguerpir de son voisinage. Dans le même quartier , il y avait un pâtissier où la femme du lieutenant-criminel allait souvent prendre des biscuits sans les payer. Le pâtissier, las de cette pratique ruineuse, fit des biscuits purgatifs et les lui donna.

Boileau, qui connaissait particulièrement ce couple rapace, en donne une peinture vraie dans sa dixième satire. Quoique l'auteur du *Lutrin* soit, dit-on, en très-grande défaveur aujourd'hui sous le rapport de l'art, nos lecteurs nous pardonneront sans doute de leur rappeler cette tirade satirique dont les vers peuvent ne plus être bons, si l'on veut, mais qui n'en offre pas moins un curieux portrait de mœurs. Voici Jacques Tardieu et sa femme peints d'après nature :

Dans la robe on vantait son illustre maison ·
Il était plein d'esprit, de sens et de raison ;
Seulement pour l'argent un peu trop de faiblesse
De ces vertus en lui ravalait la noblesse,
Sa table, toutefois, sans superfluité,
N'avait rien que d'honnête en sa frugalité.
Chez lui deux bons chevaux de pareille encolure
Trouvaient dans l'écurie une pleine pâture ;
Et du foin que leur bouche au râtelier laissait,
De surcroît une mule encor se nourrissait.
Mais cette soif de l'or qui le brûlait dans l'âme
Le fit enfin songer à choisir une femme,
Et l'honneur dans ce choix ne fut point regardé.
Vers son triste penchant son naturel guidé
Le fit, dans une avare et sordide famille,
Chercher un monstre affreux sous l'habit d'une fille ;
Et, sans trop s'enquérir d'où la laide venait,
Il sut, ce fut assez, l'argent qu'on lui donnait
Rien ne le rebuta, ni sa vue éraillée,
Ni sa masse de chair bizarrement taillée,

Et trois cent mille francs avec elle obtenus,
La firent à ses yeux plus belle que Vénus;
Il l'épouse, et bientôt son hôtesse nouvelle,
Le prêchant, lui fit voir qu'il etait, auprès d'elle,
Un vrai dissipateur, un parfait débauché
Lui-même le sentit, reconnut son péché,
Se confessa prodigue, et plein de repentance,
Offrit, sur ses avis, de régler la dépense
Aussitôt de chez eux tout rôti disparut;
Le pain bis, renfermé, d'une moitie décrut
Les deux chevaux, la mule au marche s'envolèrent,
Deux grands laquais, à jeûn, sur le soir s'en allèrent,
De ces coquins déjà l'on se trouvait lassé,
Et pour n'en plus revoir, le reste fut chassé.
Deux servantes, déjà, largement souffletées,
Avaient, à coups de pied, descendu les montées,
Et, se voyant enfin hors de ce triste lieu,
Dans la rue en avaient rendu grâces à Dieu
Un vieux valet restait, seul cheri de son maître,
Que toujours il servit et qu'il avait vu naître,
Et qui, de quelque somme amassée au bon temps,
Vivait encor chez eux partie à ses dépens
Sa vue embarrassait, il fallut s'en défaire;
Il fut de la maison chassé comme un corsaire.
Voilà nos deux époux, sans valets, sans enfans,
Tout seuls dans leur logis, libres et triomphans,
Alors on ne mit plus de borne à la lésine :
On condamna la cave, on ferma la cuisine;
Pour ne s'en point servir aux plus rigoureux mois,
Dans le fond d'un grenier on séquestra le bois.
L'un et l'autre, dès lors, vécut, à l'aventure,
Des présens qu'à l'abri de la magistrature
Le mari quelquefois des plaideurs extorquait,

Ou de ce que la femme aux voisins escroquait.
Mais, pour bien mettre ici leur crasse en tout son lustre,
Il faut voir du logis sortir ce couple illustre ;
Il faut voir le mari tout poudreux, tout souillé,
Couvert d'un vieux chapeau de cordon dépouillé,
Et de sa robe, en vain dé pièces rajeunie,
A pied dans les ruisseaux traînant l'ignominie.
Mais qui pourrait compter le nombre de haillons,
De pièces, de lambeaux, de sales guenillons,
De chiffons ramassés dans la plus noire ordure,
Dont la femme, aux beaux jours, composait sa parure ?
Décrirai-je ses bas en trente endroits percés,
Ses souliers grimaçant, vingt fois rapetassés,
Ses coiffes d'où pendait, au bout d'une ficelle,
Un vieux masque pele presque aussi hideux qu'elle ?
Peindrai-je son jupon bigarré de latin,
Qu'ensemble composaient trois thèses de satin,
Présent qu'en un procès sur certain privilége,
Firent à son mari les régens d'un collége,
Et qui sur cette jupe à maint rieur encor
Derrière elle faisait lire · *Argumentabor ?*
Mais peut-être j'invente une fable frivole.
Déments donc tout Paris, qui, prenant la parole,
Sur ce sujet encor, de bons témoins pourvu,
Tout prêt à le prouver, te dira · Je l'ai vu ;
Vingt ans j'ai vu ce couple, uni d'un même vice,
A tous mes habitans montrer que l'avarice
Peut faire dans les biens trouver la pauvreté,
Et nous réduire à pis que la mendicité.
Des voleurs, qui chez eux pleins d'espérance entrèrent,
De cette triste vie enfin les délivrèrent :
Digne et funeste fruit du nœud le plus affreux
Dont l'hymen ait jamais uni deux malheureux !

Le lieutenant-criminel Tardieu et sa femme furent assassinés dans leur maison, sur le quai des Orfèvres, le jour de la Saint-Barthélemy, 24 août 1665, sur les dix heures du soir, par René et François Touchet, frères, natifs de Niafle près de Grand en Anjou. Ces deux assassins n'ayant pu ouvrir la porte pour sortir, parce qu'il y avait un secret à la serrure, furent pris dans la maison même, et trois jours après, condamnés à être rompus vifs sur un échafaud, à la pointe de l'île du Palais, devant le cheval de bronze; ce qui fut exécuté le 27 du même mois. Quelques jours avant cet assassinat, le roi avait ordonné au premier président de Lamoignon de faire informer contre le lieutenant-criminel à cause de ses malversations.

Gui-Patin, à l'occasion de ce couple, s'exprimait ainsi dans sa correspondance sous la date du 25 août 1660. « Le lieutenant-criminel est ici fort malade; sa femme, qui est mégère, l'a battu et enfermé dans sa cave : c'est une diablesse pire que la femme de Pilate : elle est fille de Jérémie Ferrier, jadis ministre de Nîmes, révolté. » Dans une autre lettre du 16 septembre 1665, il dit sur le même sujet : « On ne parle ici que du massacre de M. Tar-

dieu, lieutenant-criminel, et de sa femme :
les deux assassins ont été pris incontinent......
Tout le peuple va comme en procession à l'é-
glise Saint - Barthélemy y prier Dieu pour
l'âme de ce malheureux lieutenant-criminel
et de sa misérable femme, laquelle était si
énormément avare, qu'elle n'avait ni valet,
ni cocher, ni servante. Elle aimait mieux se
servir elle-même pour épargner son pain......
On a fait un grand service dans Saint-Barthélemy pour feu M. le lieutenant-criminel et sa
femme ; mais si elle n'avait point d'âme, que
deviendront ces prières ? Car, pour les cierges,
ils sont brûlés et consumés. »

LA MARQUISE DE BRINVILLIERS,

EMPOISONNEMENS QU'ELLE COMMET DANS SA FAMILLE, SON SUPPLICE.

Le nom de la Brinvilliers suffit seul pour
rappeler le souvenir des plus horribles scélé-
ratesses, des crimes les plus dénaturés. L'his-

toire de cette femme est bien connue ; elle a été traduite sur presque tous les théâtres, mais plus ou moins travestie, suivant les exigences de la scène. Nous essaierons donc d'en offrir une esquisse plus conforme à la vérité.

Ce récit prouvera que le premier pas fait dans la voie du crime peut conduire presque insensiblement aux attentats les plus pervers.

> Ainsi que la vertu, le crime à ses degrés,

dit notre illustre Racine; et ces degrés, je parle de ceux du crime, ne se trouvent souvent que trop rapidement franchis, pour l'honneur et la paix des familles et pour le repos de la société. Ce qui ne semble quelquefois qu'une peccadille, une faiblesse, une erreur, aux yeux du monde, peut finir par l'assassinat et le poison.

Marie-Marguerite d'Aubray fut mariée en 1651 au marquis de Brinvilliers, fils de M. Gobelin, président de la cour des comptes. La fortune des deux époux était considérable. Le marquis était mestre-de-camp du régiment de Normandie. Il s'était lié pendant ses campagnes avec le sieur Godin, dit de Sainte-Croix, capitaine de cavalerie, qu'il introduisit dans sa maison quelque temps après son mariage.

Ce Sainte-Croix était né avec la vocation du crime; mais, doué d'un esprit adroit et facile, il avait l'art de donner habilement le change sur son caractère. D'ami du mari, il devint en peu de temps l'ami particulier de la dame, et ensuite son amant passionné.

La marquise possédait les grâces ordinaires de son sexe; ses traits se distinguaient par une extrême régularité : le tour de son visage se faisait admirer par une rondeur remplie de charmes. Sa physionomie, pleine de sérénité, présentait tous les caractères de la candeur et de la vertu. Une taille médiocre, mais pourtant élégante, était le seul désavantage physique que l'on pût signaler en elle.

Sainte-Croix s'empara entièrement de l'esprit de la marquise, et ne tarda pas à lui faire partager les sentimens qu'elle lui avait inspirés. La vie dissipée du marquis favorisait ces premiers désordres; et d'ailleurs, pour s'affranchir davantage encore du joug conjugal, elle obtint une séparation de biens qui lui donna le moyen de se soustraire obsolument à la dépendance de son mari. Alors elle se livra sans mesure à toute sa passion. L'éclat que fit ce commerce scandaleux obligea

M. d'Aubray, son père, de solliciter une lettre de cachet pour faire arrêter Sainte-Croix : la lettre fut accordée, l'amant fut saisi dans le carrosse de la marquise, et conduit à la Bastille.

Sainte-Croix connut dans sa prison un Italien nommé Exili, habile dans l'art funeste de composer des poisons. Cet étranger lui apprit les principaux secrets de sa science infernale. Après un an d'emprisonnement, Sainte-Croix recouvra sa liberté, et en profita pour renouer son commerce avec la marquise : mais tous deux, devenus plus circonspects, s'attachèrent à sauver les apparences ; et la Brinvilliers eut l'adresse de recouvrer l'amitié et les bonnes grâces de son père. Sainte-Croix lui apprit les secrets dangereux qu'il tenait d'Exili, et en même temps lui inspira le dessein d'en faire usage pour satisfaire la vengeance et la cupidité qui les animaient tous deux. Le projet de Sainte-Croix était de mettre son amante à la tête de tous les biens de sa famille, et de jouir lui-même de toutes les successions dont elle hériterait.

Alors commença cette épouvantable série d'empoisonnemens dont ces deux monstres se souillèrent pour parvenir à leurs fins. On ne peut se faire une idée des raffinemens de

cruauté que décèle leur conduite. La Brinvilliers semble même l'emporter sur son complice par le rôle actif qu'elle joue dans ce
drame lugubre.

Elle se chargeait d'éprouver les poisons
que Sainte-Croix composait ; elle empoisonnait des biscuits qu'elle donnait à des pauvres,
et s'informait avec soin de l'effet qu'ils avaient
produit. Elle allait même à l'Hôtel-Dieu distribuer ces biscuits. Elle fit une épreuve sur
Françoise Roussel sa femme de chambre, à
qui elle donna des groseilles et une tranche
de jambon empoisonnées. Cette fille en fut
très-incommodée ; mais elle n'en mourut pas.

Madame de Sévigné s'en exprime ainsi dans
une lettre adressée à sa fille : « La Brinvilliers
empoisonnait des tourtes de pigeonneaux, dont
plusieurs mouraient qu'elle n'avait pas dessein de tuer. Le chevalier de guet avait été de
ces jolis repas, et s'en meurt depuis deux ou
trois ans. Elle demanda, quand elle fut en
prison, s'il était mort : on lui dit que non. Il
a la vie bien dure, dit-elle. M. de la Rochefou-
cauld dit que cela est vrai. »

Enfin le parricide vint mettre le sceau à
tous ses crimes. La Brinvilliers, étouffant dans

son cœur tous les sentimens de la nature, présenta à son père un bouillon empoisonné. L'effet en fut si violent, qu'il eut des vomissemens extraordinaires, des douleurs d'estomac insupportables et d'étranges chaleurs d'entrailles. Bientôt il succomba aux convulsions causées par le poison. La marquise, pendant tout le temps que dura l'agonie de son père, conserva un sang-froid qui devait écarter tous les soupçons. On ne chercha point alors à pénétrer la cause d'une mort aussi subite ; c'est ce qui enhardit l'empoisonneuse à attenter à la vie de ses deux frères.

Elle employa, pour cette œuvre exécrable, un ancien laquais de Sainte-Croix, nommé Lachaussée, qui s'était formé dans le crime auprès d'un pareil maître. On le fit entrer au service des deux frères, qui demeuraient ensemble, et il se chargea de les empoisonner moyennant une récompense de cent pistoles. Après plusieurs tentatives infructueuses, les deux frères furent victimes de leur confiance en leur scélérat de domestique. Après avoir langui plusieurs mois, l'aîné mourut le 16 juin 1670. A l'autopsie cadavérique, on trouva les traces manifestes du poison ; mais on ne remonta pas à la source. L'autre frère fut malade trois mois, et mourut avec les mêmes accidens. Il avait fait un legs de cent écus en faveur de Lachaussée, son assassin.

Afin de réunir, pour ainsi dire, toute sa famille dans le même tombeau, elle chercha aussi à empoisonner mademoiselle d'Aubray, sa sœur; mais, soit que celle-ci se tînt sur ses gardes, soit que le hasard la favorisât, elle n'alla pas grossir le nombre des victimes du poison.

Si l'on en croit madame de Sévigné, qui, par ses relations sociales, était à portée de connaître les particularités de cette épouvantable affaire, la Brinvilliers aurait aussi tenté plusieurs fois de se défaire de son mari par les procédés à son usage. « Elle voulait, dit madame de Sévigné, épouser Sainte-Croix, qui, ne voulant point avoir une femme aussi méchante que lui, donnait du contre-poison à ce pauvre mari : de sorte qu'ayant été ballotté de cette sorte, tantôt empoisonné, tantôt désempoisonné, il est demeuré en vie. »

D'après toutes les circonstances qui avaient accompagné la mort du père et des deux frères de la marquise de Brinvilliers, il était bien constant dans le public que ces trois personnes étaient mortes empoisonnées ; mais les auteurs de ces crimes restaient enveloppés d'un profond mystère. On n'avait que des soupçons vagues, sans la moindre preuve, et souvent même fort éloignés de la vérité. Comment, en effet, oser faire la supposition qu'une jeune femme, belle, riche, bien élevée, sortie d'une famille recommandable, pût devenir capable de semblables forfaits ?

Mais la Providence, qui, pour le repos de la société, laisse rarement le crime impuni, permit que cette horrible trame fût dévoilée.

Sainte-Croix s'exerçait toujours dans sa science des poisons. Un jour qu'il faisait une expérience de ce genre, le masque de verre qu'il avait, pour se garantir de la vapeur de ses drogues vénéneuses, tomba. Suffoqué par la violence du poison, il mourut à l'instant même. Cette mort d'un homme dont on ne connaissait pas la famille, et qui passait même pour n'en point avoir, rendit indispensable la présence du commissaire, qui vint apposer le scellé dans l'appartement du défunt. Lors de l'inventaire, on trouva une cassette qu'on ouvrit ; et la première chose qui frappa les regards fut une feuille de papier écrite, dans laquelle Sainte-Croix suppliait très-humblement ceux ou celles entre les mains de qui tomberait cette cassette de vouloir la rendre en main propre à madame la marquise de Brinvilliers, demeurant rue Neuve-Saint-Paul; « attendu, disait l'écrit, que tout ce qu'elle contient la regarde et appartient à elle seule, et que d'ailleurs, il n'y a rien d'aucune utilité à personne du monde, son intérêt à part; et, en cas que la marquise fût plus tôt morte que moi, de la brûler et tout ce qu'il y a dedans, sans rien ouvrir ni innover, etc. » Cet écrit était signé par de Sainte-Croix.

Malgré cette injonction testamentaire, on passa outre à la vérification de la cassette; elle contenait des poisons de toute espèce, et l'inventaire qui en fut dressé eût été de nature à jeter l'épouvante dans des esprits faibles?

La marquise, fort alarmée quand elle apprit qu'on avait mis le scellé chez Sainte-Croix, prit la fuite, et passa en pays étrangers.

Lachaussée, ce domestique pervers dont on s'était servi pour empoisonner les deux frères de la marquise, s'alla jeter lui-même dans les filets de la justice; il eut l'impudence de for-

mer opposition au scellé, et cette démarche
appela les soupçons sur lui. Bientôt instruit
des découvertes qu'on avait faites au scellé,
le trouble et les remords de sa conscience le
trahirent. Arrêté, traduit successivement devant le châtelet et le parlement, il fut condamné, pour le double empoisonnement qu'il
avait commis, à être rompu vif et à expirer
sur la roue, après avoir été appliqué à la
question ordinaire et extraordinaire pour la
révélation de ses complices. La marquise fut
condamnée par contumace à avoir la tête
tranchée.

A la question, Lachaussée avoua tout. Dès
lors les crimes de la Brinvilliers ne furent
plus enveloppés d'incertitudes. L'affreuse vérité parut dans toute sa hideuse laideur. L'idée
de cette empoisonneuse, dès qu'on y pensait,
faisait horreur, et l'on ne prononçait son nom
qu'en frémissant.

Elle s'était réfugiée dans un couvent de
Liége. Un exempt, nommé Desgrais, fut envoyé pour l'arrêter. Pour ne pas causer de
scandale, il se déguisa en abbé, se présenta
à elle comme compatriote, lui rendit plusieurs
visites; et, lui ayant parlé le langage de l'a-

mour, qui fut écouté, il l'engagea à sortir de la ville pour faire une partie de promenade. Alors l'amant se changea tout d'un coup en exempt, arrêta la marquise, et, la laissant sous la garde de ses archers, il retourna au couvent, où il entra par un ordre du conseil des soixante. Il trouva sous le lit de la marquise une cassette à laquelle elle paraissait attacher beaucoup d'importance. Elle voulait qu'on lui rendît un papier qui s'y trouvait et qu'elle appelait sa confession : il formait quinze ou seize feuillets ; c'était l'histoire de toute sa vie. Dès le premier article, elle s'accusait d'avoir fait mettre le feu à une maison ; dans un autre article, elle confessait qu'elle s'était laissé débaucher dès l'âge de sept ans. Elle s'accusait non seulement de tous les crimes qu'on lui attribuait, mais encore de beaucoup d'autres dont on ne la soupçonnait pas. Elle essaya plusieurs fois de s'évader, mais ses tentatives furent inutiles. Plus troublée de l'horreur du supplice qui la menaçait que de l'horreur de ses crimes, elle voulut se donner la mort en avalant une épingle ; mais elle fut détournée de son dessein par un archer. Transférée à la conciergerie à Paris, elle nia tout dans son interrogatoire, les lettres qu'elle avait écrites depuis qu'elle était arrêtée, la cassette de Sainte-Croix qu'on lui représenta, et la promesse de trente mille livres qu'elle avait faite à ce même Sainte-Croix.

Le parlement, indépendamment de la confession de La Brinvilliers, jugea qu'il y avait assez de preuves pour la condamner. Le corps des délits était bien constaté et conduisait facilement à connaître les auteurs des crimes, Sainte-Croix et la marquise. L'intérêt, le mobile de tant de crimes, les avait excités; la marquise voulait recueillir les successions de son père, de ses frères et de sa sœur : Sainte-Croix espérait disposer du bien d'une femme qui lui était livrée par une passion aveugle. Cette fatale cassette, qui contenait tant de poisons, était une pièce de conviction sans réplique.

Elle fut condamnée, pour tous ses crimes, à avoir la tête tranchée en place de Grève, à être ensuite brûlée et ses cendres jetées au vent.

La marquise, qui avait nié ses crimes depuis son arrestation, les avoua après l'arrêt. Lorsqu'elle fut conduite à la mort, elle rencontra sur son chemin plusieurs dames de distinction que la curiosité avait attirées ; elle les regarda avec beaucoup de fermeté, en leur disant avec une ironie amère : *voilà un beau spectacle à voir!* Le célèbre peintre Lebrun se plaça sur son passage, dans un endroit d'où il pût la considérer attentivement, quand on la mena en Grève, afin de pouvoir saisir l'expression de la physionomie d'une criminelle pénétrée de l'horreur du dernier supplice qu'elle va subir.

Madame de Sévigné a raconté, à sa manière inimitable, les derniers momens de La Brinvilliers. Son récit, en terminant le nôtre, lui prêtera son appui, et le recommandera aux lecteurs. Voici ce qu'elle écrivait à sa fille, à la date du 17 juillet 1676 : « Enfin c'en est fait, La Brinvilliers est en l'air, son pauvre petit corps a été jeté, après l'exécution, dans un fort grand feu, et ses cendres au vent ; de sorte que nous la respirerons ; et, par la communication des petits esprits, il nous prendra quelque humeur empoisonnante dont nous serons tout étonnés. Elle fut jugée dès hier : ce matin on lui a lu son arrêt, on l'a présentée à la question : elle a dit qu'il n'en était pas besoin, qu'elle dirait tout : en effet, jusqu'à quatre heures, elle a conté sa vie plus épouvantable qu'on ne pensait. Elle a empoisonné dix fois de suite son père, elle n'en pouvait venir à bout ; puis ses frères ; et toujours l'amour et les confidences mêlés partout. Elle a demandé à parler à M. le procureur-général, elle a été une heure avec lui ; on ne sait point encore le sujet de cette conversation.

« A six heures, on l'a menée, nue en chemise, et la corde au cou, à Notre-Dame, faire l'amende honorable ; et puis on l'a remise dans le même tombereau, où je l'ai vue, jetée à reculons sur de la paille, avec une cornette basse, et sa chemise, un docteur auprès d'elle, le bourreau de l'autre côté. En vérité, cela m'a fait frémir : ceux qui ont vu l'exécution disent qu'elle a monté avec bien du courage. Pour moi, j'étais sur le pont Notre-Dame avec la bonne d'Escars. Jamais il ne s'est vu tant de monde, ni Paris si ému et si attentif ; demandez-moi ce qu'on a vu. Pour moi, je n'ai vu qu'une cornette : ce jour était consacré à une tragédie ; j'en saurai demain davantage, et cela vous reviendra. » Dans une autre lettre, elle écrit : « Encore un petit mot de la Brinvil-

liers; elle est morte comme elle a vécu, c’est-
à-dire résolument : elle entra dans le lieu où
on lui devait donner la question; et voyant
trois seaux d’eau : « C’est assurément pour me
noyer, dit-elle; car, de la taille dont je suis,
on ne prétend pas que je boive tout cela. »
Elle écouta son arrêt dès le matin, sans frayeur
et sans faiblesse, et, sur la fin, elle fit recom-
mencer, disant : *Ce tombereau m’a d’abord
frappée, j’en ai perdu l’attention pour le reste.*
Elle dit à son confesseur en chemin de faire
mettre le bourreau devant, *afin de ne point
voir*, dit-elle, *ce coquin de Desgrais qui m’a
prise.* Il était à cheval devant le tombereau.
Son confesseur la reprit de ce sentiment : elle
dit : « Ah! mon Dieu, je vous en demande
pardon : qu’on me laisse donc cette étrange
vue. » Elle monta seule et nu-pieds sur l’échafaud, et fut en un quart-d’heure, *mirodée*,
rasée, dressée et redressée par le bourreau.
Ce fut un grand murmure et une grande
cruauté. »

Madame de Sévigné dit ailleurs : « Il n’est
pas possible que cette horrible femme soit en
paradis : sa vilaine âme doit être séparée des
autres. Assassiner, c’est une bagatelle en com-

paraison d'être huit mois à tuer son père, à recevoir toutes ses caresses et ses douceurs, à quoi elle ne répondait qu'en doublant toujours la dose. » L'indignation exprimée dans ce dernier fragment est peut-être bien peu charitable, chrétiennement parlant : mais combien néanmoins il serait à désirer qu'elle fût partagée et sentie par tout ce qui porte un cœur d'homme !

JEAN MAILLARD,

OU LA FEMME AUX DEUX MARIS.

La vie de Jean Maillard, notre héros, est des plus variées et des plus bizarres. Il était né à Toul en 1600, et tout jeune encore il avait été conduit par son père à Dourlac en Allemagne. Il y entra au service des trois messieurs de Bade, fils du marquis de Dourlac. Après huit années de service, ses maîtres lui firent apprendre le métier de tailleur. Étant venu à Paris en 1621 avec les trois princes, il s'enrôla dans les soldats aux gardes, et suivit son régiment. Revenu dans la capitale, après la prise de Montauban, il se mit à vendre du vin en détail; et enfin, le 14 août 1625, étant âgé de vingt-cinq ans, il épousa, à Saint-Eustache, Marie de La Tour, fille d'un archer du guet. Cette fille était très-belle, mais d'une conduite très-déréglée; car elle avait eu précédemment avec un abbé une liaison, de laquelle il était résulté trois enfans.

Jean Maillard et Marie de La Tour ne se convinrent pas long-temps : leurs caractères ne sympathisaient nullement. Marie de La Tour forma sans succès une demande en séparation d'habitation ; mais Jean Maillard lui aplanit toutes les difficultés à cet égard; ennuyé d'avoir toujours l'enfer dans son ménage, il quitta sa femme, et entra, en qualité de valet de chambre chez le baron de Pletemberg, qu'il servit jusqu'en 1638, travaillant toujours de son métier de tailleur.

Vers ce temps, trois fondeurs de cloches, très-habiles, ayant eu à travailler chez le baron, Jean Maillard se lia avec eux, apprit leur métier, y devint très-habile, et suivit cette profession ambulante pendant quelque temps, au bout duquel, se sentant sur le retour, il songea à se retirer. Pour exécuter son dessein, il entra comme frère lai dans le couvent des Bernardins de l'abbaye de Reinfelstein, au pays de Hesse.

Cependant sa femme, voulant se remarier à Paris, comme veuve, mais n'en ayant aucune preuve, trouva moyen de tirer un certificat du comte de Lignon, capitaine d'une compagnie de chevau-légers, portant que le nommé Jean Maillard était mort du flux de sang en Italie, dans le quartier de Saluces, le 10 mars 1630. Marie de La Tour vivait alors avec un sieur de Boessière, dont elle avait déjà deux enfans, et qu'elle épousa le 28 avril 1646. Outre les deux enfans nés avant le mariage, elle en eut encore deux autres ; mais tous moururent, excepté l'aîné de tous, qui avait été baptisé sous le nom de Pierre Forain.

M. de Boessière mourut au bout de vingt années de ce mariage ; et son fils, qui, depuis le mariage, se nommait Pierre Thibaut, seigneur de Villiers, lui succéda dans tous ses biens.

Cependant il circulait un bruit sourd que

Jean Maillard n'était point mort : ses collatéraux ne demeurèrent pas oisifs. On fit des recherches : on trouva Jean Maillard dans son couvent; on l'engagea, par l'espoir d'une grande succession à partager, et par l'annonce fausse de la mort de sa femme, à revenir en France.

Lorsqu'il fut arrivé à Paris, il découvrit la vérité, et, déterminé par les avis des collatéraux, il rendit plainte contre sa femme en crime d'adultère. Marie de La Tour fut décrétée de prise de corps et conduite en prison. Elle refusa de reconnaître son mari lors de la confrontation. Cette affaire donna lieu à plusieurs procédures, pendant lesquelles Maillard tomba malade, et mourut âgé de soixante-dix ans, après avoir déclaré qu'il était le véritable Jean Maillard.

L'instance fut reprise par Jacqueline Maillard, sœur du défunt, et la cause fut recommencée le 27 avril 1672.

Après plus de quarante audiences, où il fut discuté sur les moyens qui tendaient à prouver que Jean Maillard avait été le mari véritable, les juges rendirent un arrêt défini-

tif qui déclarait abusif le second mariage de
Marie de La Tour, et mit la sœur de Jean
Maillard en possession des biens de son frère.
Cet arrêt fut rendu le 15 mars 1675.

LA VOISIN ET LA VIGOUREUX,

EMPOISONNEUSES.

On s'aperçut, à Paris, en 1680, que les
empoisonnemens devenaient extrêmement fréquens. La terreur s'empara des esprits avec
d'autant plus de rapidité, qu'à cette époque
les idées d'empoisonnement et de sortilége
étaient presque inséparables. Le roi donna,
le 11 janvier de cette année, une déclaration
concernant les empoisonnemens et les sorciers,
dans laquelle on lisait : « Voulant pourvoir aux
impiétés, sacriléges, empoisonnemens et autres crimes énormes que commettent certaines
personnes qui faisaient profession de magie,
qui passaient pour devins, et qui, sous ce
prétexte, surprenaient la crédulité de beau-

coup de gens, par la fausseté de leurs impostures et de leurs enchantemens, Sa Majesté ordonne, que tous les devins et devineresses
sortiront incessamment de son royaume, à
peine de punition corporelle, et que tous ceux
qui auront employé des termes de l'Écriture
sainte ou des prières, en faisant des choses
qui n'ont aucun rapport aux causes naturelles,
seront punis exemplairement. » La même déclaration défendait l'usage des poisons à tous
autres qu'à ceux qui sont d'un art ou d'une
profession qui les autorise à les employer dans
leurs remèdes et leurs antidotes.

Il y avait déjà quelques années que la marquise de Brinvilliers avait donné le spectacle
de son juste châtiment. Son supplice n'empêcha pas plusieurs scélérats de renouveler
ses crimes. La veuve d'un sieur de Montvoi-
sin, plus connue sous le nom de la Voisin,
s'était unie, vers 1677, avec une autre femme
nommée la Vigoureux, pour trafiquer des
poisons de l'Italien Exili, qui avait fait de tristes
découvertes en ce genre. Elles cachaient leur
infâme commerce par des prédictions et de
prétendues apparitions d'esprits, dont elles
amusaient les âmes crédules et faibles.

Plusieurs morts subites et extraordinaires ayant fait soupçonner des crimes secrets, une chambre ardente fut établie à l'Arsenal. La Voisin et la Vigoureux, arrêtées et traduites devant ce tribunal, furent convaincues de plusieurs empoisonnemens. et brûlées vives le 22 juillet.

Ces misérables, dans leurs interrogatoires, nommèrent comme leurs complices des personnages d'un grand nom et faisant figure à la cour, entre autres la duchesse de Bouillon, la comtesse de Soissons et le duc de Luxembourg. La duchesse de Bouillon brava les juges dans son interrogatoire, et ne fut pas mise en prison ; mais on l'obligea de s'absenter pendant quelque temps. La comtesse de Soissons, décrétée de prise de corps, aima mieux sortir de France que de s'exposer aux efforts de la haine des ennemis qu'elle avait à la cour. Quant au duc de Luxembourg, accusé de commerce avec le démon et les magiciens, il fut envoyé à la Bastille, mais élargi bientôt après, et déclaré absous. On dit qu'il s'était attiré cette disgrâce pour s'être brouillé avec le ministre Louvois.

Remarquons en finissant que c'était l'en-

vie de faire une grande dépense qui avait
porté la Voisin à tous ces attentats. Un beau
carrosse, un suisse à sa porte, et un appartement superbe qu'elle occupa pendant quelque temps, exigeaient beaucoup d'argent ;
elle s'en procura en disant la bonne aventure,
en promettant de faire voir le diable, enfin
en vendant chèrement des poisons.

HISTOIRE DE LA PIVARDIÈRE,

OU LE VRAI REVENANT.

Les préventions des juges n'ont que trop
souvent égaré le glaive de la justice. Combien
d'innocens ont été frappés au lieu des coupables ! Mais ces funestes erreurs pouvaient
du moins être justifiées, jusqu'à un certain
point, par des apparences imposantes, par
des preuves spécieuses.

Le récit que l'on va lire semblera beaucoup
plus extraordinaire, en ce que la justice, lors-

qu'il n'y avait pas de corps de délit, voulut absolument trouver des coupables. Il n'y avait pas crime, comment pouvait-il y avoir des criminels ?

Louis de la Pivardière, sieur du Bouchet, était de ces gentilshommes dont la noblesse, comme on dit en plaisantant, était si ancienne, que ses biens en étaient usés. Il épousa en 1687 la dame de Chauvelin, veuve du sieur Menou de Billy, qui avait cinq enfans de son premier lit, et pour toute fortune la terre de Nerbonne d'environ 1000 livres de revenu.

Cette union ne fut pas heureuse. M. de la Pivardière était un homme de plaisir. Sa femme avait beaucoup de goût pour la société. Ils se déplurent bientôt mutuellement. L'arrière-ban ayant été convoqué en 1689, le sieur de la Pivardière, comme seigneur de Nerbonne, fut obligé de prendre du service, et obtint en 1692 une lieutenance dans le régiment de dragons Sainte-Hermine.

Pendant son absence, madame de la Pivardière eut une liaison de société avec le prieur de l'abbaye de Miseray, voisin et chapelain du château de Nerbonne. La médisance n'épargna pas les visites assidues du prieur. La calomnie vint y mêler son venin. Bientôt le bruit de ce prétendu commerce de galanterie parvint aux oreilles du sieur de la Pivardière. Mais, soit philosophie, soit indifférence, au lieu de revenir dans sa maison, il prit le parti de voyager de ville en ville.

Arrivant à Auxerre, sur le soir d'un beau jour d'été, et se promenant sur le rempart de la ville, il fut frappé de la beauté d'une jeune fille qui folâtrait avec un grand nombre de compagnes. Bientôt épris de l'amour le plus vif, il attaqua le cœur de la jeune fille, qui ne fut pas insensible. Mais, quoique née dans une classe obscure, quoiqu'elle eût perdu tout récemment son père, qui était huissier cabaretier, l'amante de la Pivardière avait été bien élevée et sa réputation de sagesse n'avait souffert aucune atteinte. Elle ne consentit à prêter l'oreille aux propos galans du gentilhomme qu'à la condition qu'il l'épouserait. Celui-ci cachait avec beaucoup de soin qu'il fût marié ; il résista quelque temps à la proposition de celle qu'il aimait; mais, sa passion l'emportant, non seulement il épousa sa maîtresse, mais encore il prit la charge d'huissier que son beau-père avait laissée vacante. Afin de se mieux cacher, il avait quitté le nom de la Pivardière, et n'était connu à Auxerre que sous celui du Bouchet.

Quelque temps après son mariage, sous le prétexte d'aller faire une récolte d'argent chez ses fermiers, la Pivardière se rendit auprès de sa première femme, qui ne lui fit pas un accueil très-gracieux. Il y rencontra le prieur de Miseray, son prétendu rival, sans lui manifester le moindre mécontentement. Comme il disait qu'il devait retourner à son régiment, sa femme songea beaucoup plus à lui donner de l'argent pour en être débarrassée qu'à lui faire des caresses pour le retenir. La Pivardière, de son côté, n'avait garde de rester. Il retourna à Auxerre, la bourse bien garnie ; ce qui fit juger à sa nouvelle femme qu'elle avait fait, en l'épousant, une meilleure affaire qu'elle ne pensait. Pendant quatre années, cette union n'éprouva aucun trouble. La Pivardière faisait annuellement un voyage pour aller lever chez sa première femme des contributions qu'il rapportait à la seconde. Il avait eu quatre enfans de ce mariage criminel.

Cependant la première femme apprend vaguement le second mariage de son mari. Sa vanité se trouve blessée beaucoup plus que ses affections. Elle jure de s'en venger. La Pivardière arrive à Nerbonne pour son voyage annuel. Il y avait grande réunion au château. C'était un jour de fête. Il est très-bien accueilli par tout le monde, excepté par la dame du lieu. Chacun des convives était étonné de cette froideur. « Est-ce ainsi qu'on reçoit un mari qu'on n'a vu depuis long-temps? s'écria une dame de la compagnie.—Je suis son mari, répliqua la Pivardière, mais je ne suis pas son ami. »

Quand la société fut partie, la dame de la Pivardière éclata contre son mari, lui reprocha son second mariage, et le menaça de s'en venger. Il eut beau nier le fait, protester de sa sincérité, il ne fut point écouté, et l'on se sépara avec colère. Quand le mari fut dans sa chambre, une des servantes de la maison vint l'avertir secrètement qu'il courait risque d'être arrêté s'il passait la nuit au château. Par suite de la colère où il avait vu sa femme, cet avis lui parut si vraisemblable, qu'il partit avant le jour, laissant à l'écurie son cheval,

qui était boiteux. Il n'emporta ni ses pistolets ni son manteau, qui l'auraient embarrassé pour voyager à pied, et retourna à
Auxerre.

Il y avait à peine quelques jours qu'il était
parti, lorsqu'une rumeur sourde se répandit
que le sieur de la Pivardière avait été assassiné à Nerbonne, et que sa femme était l'auteur du crime : le cheval et les hardes laissés
au château servaient de fondement à l'accusation. Sur ces indices, le procureur du roi
de Châtillon-sur-Indre, ennemi particulier du
prieur de Miseray, rendit plainte de l'assassinat. Des témoins furent entendus : il y eut des
voisins qui déposèrent avoir entendu un coup
de fusil pendant la nuit du crime ; deux servantes de la dame de la Pivardière firent une
histoire précise et circonstanciée de l'assassinat : l'une accusa sa maîtresse, qui était sa
marraine et sa bienfaitrice, d'avoir éloigné
tous ceux qui pouvaient lui être suspects, et
introduit deux valets du prieur de Miseray
dans la chambre de son mari, et que ces valets avaient commis le meurtre la nuit ; l'autre servante dit qu'on l'avait éloignée, et
qu'elle était arrivée lorsqu'on achevait de tuer

son maître ; la fille du sieur de la Pivardière, âgée de neuf ans, déposa qu'elle avait entendu, au milieu de la nuit, la voix de son père, qui criait : « Ah ! mon Dieu ! ayez pitié de moi ! »

Sur ces dépositions, madame de la Pivardière fut décrétée de prise de corps ; mais, prévoyant l'orage qui la menaçait, elle avait caché ses meubles et effets les plus précieux, et s'était mise à l'abri des poursuites de la justice, non qu'elle ne fût forte de son innocence, mais parce que, ignorant le lieu de la retraite de son mari, il lui était impossible de le représenter pour sa justification.

Cependant le lieutenant particulier et le procureur du roi poursuivaient le procès. Madame de la Pivardière se rendit à Paris pour solliciter son renvoi devant un autre juge que celui de Châtillon. On fit droit à sa requête, et le 18 septembre 1697 la chambre des vacations rendit un arrêt qui la renvoyait au tribunal de Romorantin.

Pendant ce temps, madame de la Pivardière faisait toujours chercher son mari. Ces recherches furent d'abord infructueuses ; enfin on s'adresse à Auxerre : là on apprend le mystère de toute sa conduite. Il apprend lui-même que c'est de la part de sa femme que l'on est à sa recherche : il prend la fuite ; on le poursuit, et on l'arrête à Flavigny, où on lui annonce que sa femme est accusée de l'avoir assassiné. Cette nouvelle le pétrifie ; le malheur qui pèse sur sa femme l'accable comme un remords ; il se reproche intérieurement d'avoir, par ses égaremens, causé ce fatal incident. Ce n'est plus pour lui qu'il craint, c'est pour elle. Une des circonstances les plus touchantes de cette affaire, c'est que la seconde femme de ce bigame, si indignement trompée, vient généreusement au secours de la première, et excite son mari à secourir sa femme légitime.

La Pivardière ne perd pas un instant ; il fait dresser devant notaire un acte de son existence, qu'il revêt de sa signature. Il se présente devant le juge de Romorantin, pour qu'il soit procédé à sa reconnaissance. Le juge se transporte avec lui dans tous les endroits voisins de Nerbonne ; partout on reconnaît la Pivardière ; ceux qui le croyaient mort demeuraient, à sa vue, saisis d'étonnement et de frayeur. Lors de sa confrontation avec les deux servantes qui étaient dans la prison de

Châtillon, celles-ci, qui avaient dit d'abord que celui qui prenait le nom de leur maître était un imposteur, se rétractèrent, et le reconnurent positivement.

Une plaisante aventure arriva au lieutenant particulier de Châtillon, qui poursuivait encore le procès, quoiqu'on le lui eût défendu. Il s'était transporté aux étangs de Nerbonne pour y faire la perquisition du corps, qu'on lui avait dit avoir été jeté dans ces pièces d'eau. La Pivardière, averti de cette circonstance, se présenta à lui, en disant : *Monsieur, ne cherchez pas au fond de l'étang ce que vous trouvez sur le bord.* Cette apparition subite, ces paroles, cette voix, que le juge reconnut très-bien pour être celle du mort, lui causèrent une telle terreur, qu'il courut à son cheval, et prit la fuite au grand galop.

Cette frayeur ne diminua cependant pas l'acharnement qu'il avait mis dans la poursuite de cette affaire. La rage d'avoir été récusé pour juge, et la haine qu'il portait au prieur de Miseray, l'engagèrent à diriger ses coups contre ce dernier. Il eut recours à l'autorité du procureur-général, qui, secondant ses projets de vengeance, obtint un arrêt qui

défendait au juge de Romorantin de passer
outre. Par cet arrêt, le parlement évoquait à
lui cette cause singulière. Le prieur de Miseray fut arrêté et jeté en prison, les fers aux
pieds.

Le sieur de la Pivardière intervint, prenant
la défense de sa femme, et attaqua les juges
de Châtillon. Il faisait plaider par ses avocats;
mais il ne comparaissait point : son crime de
bigamie, qui aurait pu devenir le sujet d'une
accusation périlleuse pour lui, l'avait empê-
ché de se constituer prisonnier. La cause se
plaida de la part de la Pivardière, du prieur
de Miseray et des juges de Châtillon. Enfin,
après quinze audiences, un arrêt du 23 juillet 1698, décréta de prise de corps le sieur de
la Pivardière, et renvoya l'instruction du
procès devant le lieutenant-criminel de
Chartres.

En paraissant en personne, la Pivardière
eût mis fin sur-le-champ à cette première affaire, mais son état de bigame, et la crainte
des peines qu'il pouvait encourir comme tel,
le retenaient dans sa retraite. Touchée de
cette affreuse position, sa seconde femme,
toujours généreuse, alla se jeter aux pieds de

Louis XIV, et solliciter de sa clémence un sauf-conduit pour la Pivardière. Le roi, étonné de cette générosité, lui dit en la faisant relever : « Une fille faite comme vous méritait un meilleur sort; » et fit expédier le sauf-conduit pour trois mois. Alors la Pivardière se constitua volontairement prisonnier au Fort-l'Évêque, et prit des lettres en requête civile contre le dernier arrêt. Vers ce temps, le prieur de Miseray fut remis en liberté; et la requête civile ayant été entérinée par arrêt du 22 juillet 1699, la Pivardière obtint aussi son élargissement.

Enfin le parlement rendit un arrêt définitif, du 14 juin 1701, qui condamna l'une des deux servantes, comme faux témoin, à faire amende honorable, à la marque et au bannissement perpétuel du ressort du parlement. Cet arrêt annula aussi toutes les procédures, et mit hors de cour tous les accusés. La seconde servante était morte en prison pendant le cours de l'instruction.

Après ses égaremens, disons même après son crime, la Pivardière avait peu de bonheur à attendre de la vie conjugale. Pouvait-il retourner auprès de sa première femme, qu'il

avait trahie pour en épouser une autre? Devait-il aller consacrer ses jours à celle dont la
merveilleuse générosité lui avait sauvé la vie?
l'option était embarrassante. La Pivardière
trancha le nœud gordien : il s'éloigna de ses
deux femmes, et fut tué peu de temps après
par des contrebandiers, à la tête d'une bri-
gade que le duc de La Feuillade lui avait fait
obtenir. Sa première femme , presque en
même temps, fut trouvée morte un matin
dans son lit. A l'égard de la seconde, si intéressante par le noble caractère qu'elle déploya,
elle eut deux maris , et survécut long-temps
à ces étranges événemens.

INNOCENS CONDAMNÉS,

OU LA FAMILLE D'ANGLADE.

Dans l'examen de nos fastes judiciaires, on n'a que trop souvent l'occasion de déplorer les effets de l'incertitude et des erreurs de la justice humaine. Quelquefois le crime, ou plutôt ceux qui l'ont commis, ont tellement pris leurs précautions, qu'ils restent même à l'abri de tout soupçon ; tandis que des indices accablans viennent forcer les juges à condamner l'innocence. Le récit qui va suivre doit en fournir un déplorable exemple.

Le comte de Montgommery et le sieur d'Anglade habitaient la même maison, rue Royale, à Paris. Le comte occupait le rez-de-chaussée et le premier étage, et son voisin le second et le troisième. M. de Montgommery, jouissant d'une honnête fortune, faisait une certaine figure dans le monde ; le train de sa maison était en harmonie avec son rang et sa naissance ; il avait des équipages, et entretenait même un aumônier à ses gages. Nous mentionnons ce personnage, parce que son rôle est important dans ce drame.

Le sieur d'Anglade n'avait qu'un revenu médiocre; cependant il vivait avec tous les dehors d'une grande aisance, s'insinuait chez les gens de distinction, et savait se faire admettre dans les meilleures sociétés; du reste, sa probité sortit intacte de l'information sévère que l'on fit sur sa vie.

Il n'existait entre les deux voisins qu'une simple liaison de bienséance et de politesse, mais sans intimité. Le comte et sa femme ayant formé le projet d'aller passer quelques jours à leur terre de Villebousin, y invitèrent le sieur et la dame d'Anglade. Ceux-ci acceptèrent d'abord l'invitation; mais plus tard ils s'excusèrent de ne pouvoir s'y rendre; cette excuse fut d'un grand poids contre les deux époux.

Le 22 septembre 1687, le comte et la comtesse partent le soir pour aller à leur terre, d'où ils ne devaient revenir que trois jours après. Ils y furent suivis de François Gagnard, prêtre manceau, leur aumônier, et de leurs domestiques. La maison de la ville resta confiée aux soins d'une demoiselle de la dame de

Montgommery, d'un petit laquais, et de quatre filles qui travaillaient à la broderie.

Le comte et la comtesse revinrent un jour plus tôt qu'ils n'étaient attendus. Le comte ayant, a-t-il dit, remarqué du sang sur une nappe et sur une serviette, en avait conçu un funeste pressentiment, et s'était décidé à partir sur-le-champ. Ses gens n'arrivèrent qu'après lui ; on s'aperçut qu'une petite salle en bas, où couchaient les domestiques, était ouverte, et que la porte n'en était que tirée, quoique l'aumônier, qui en avait la clef, eût fermé la chambre à double tour en partant, et que, pendant l'absence du comte, elle eût constamment paru fermée. Le même soir, le sieur et la dame d'Anglade virent le comte et la comtesse dans une salle basse, où ils achevaient de souper. Des domestiques déposèrent à cette occasion que ces deux personnes avaient l'air surpris et interdit du retour de leurs maîtres.

Le lendemain au soir, le comte rend plainte au lieutenant-criminel du Châtelet d'un vol commis pendant son absence, au moyen de l'effraction de la serrure d'un coffre de campagne, où on avait pris treize sacs de mille livres en argent blanc, onze mille

cinq cents livres en or, en pièces de deux
pistoles, cent louis d'or neufs et au cordon,
un collier de perles valant quatre mille livres.

La justice se transporta aussitôt sur les
lieux, bien convaincue d'avance que le vol
n'avait pu être fait que par des personnes de
la maison. On fit donc perquisition dans tous
les appartemens ; le sieur et la dame d'Anglade
demandent qu'on commence par leur local.

Le lieutenant-criminel est conduit par eux
dans tous les lieux qu'ils occupent ; coffres,
cabinets, tiroirs, lits, paillasses, matelas,
tout est fouillé avec le plus grand soin ; on ne
trouve rien.

On monte au grenier. Madame d'Anglade
témoigne qu'elle a une défaillance qui l'em-
pêche d'y monter. On trouve, dans un vieux
coffre plein de hardes et de linge, un rouleau
de soixante-dix louis au cordon, enveloppé
dans un papier imprimé, contenant une gé-
néalogie que le comte dit être la sienne. Cette
découverte fixe les soupçons sur le sieur d'Anglade et sa femme. On descend ensuite dans
la salle où couchaient l'aumônier, le page, et
le valet de chambre ; et les préventions défa-

vorables aux deux époux s'accrurent encore ;
en ce que la dame d'Anglade fit remarquer
au lieutenant-criminel qu'on avait trouvé la
porte de cette salle tirée et non fermée ; qu'il
fallait s'attacher au valet de chambre, et qu'on
pourrait trouver là quelque chose. Ces préventions se changèrent en indices certains,
après qu'on eut trouvé dans un coin de cette
salle cinq sacs de mille livres chacun, et un
où il manquait à cette somme deux cent dix-
neuf livres dix-neuf sous. On ne visita pas les
autres pièces de l'appartement du comte ; et
pourtant on devait naturellement soupçonner
les domestiques, quoique le comte répondît
de ses gens.

Alors le juge, prévenu, s'adressant au sieur
d'Anglade, lui dit : « Ou vous, ou moi, avons
commis ce vol. » Il ordonna, à la réquisition
du comte, qu'il serait informé contre les deux
époux, et qu'ils seraient constitués prisonniers. Le mari est conduit au Châtelet, la
femme au Fort-l'Évêque ; ils y sont écroués et
enfermés dans des cachots, au secret, et le
scellé est apposé sur leurs effets.

Le sieur et la dame d'Anglade sont accusés
de vol avec effraction. Lors de l'enquête, les

indices furent fortifiés par une foule d'étranges dépositions. Un témoin dit que l'accusé était un joueur ; un autre, qu'il avait demeuré dans une maison où on avait volé de la vaisselle d'argent. D'autres déposaient qu'ils avaient ouï dire que d'Anglade avait volé une pièce de ruban ; on confondit, dans ce qu'on avait dit contre lui, la raillerie avec le sérieux. Le 25 octobre 1687, le jugement de compétence rendu par le lieutenant-criminel, et portant que le vol avait été fait avec effraction, fut cassé par le grand conseil. D'Anglade interjeta appel de la procédure, et prit le lieutenant-criminel à partie ; mais par arrêt du parlement, du 13 décembre, le procès fut renvoyé devant ce magistrat, qui, ayant été pris à partie par l'accusé, s'en vengea cruellement, en se livrant sans réserve à d'injustes préventions. D'Anglade fut condamné, le 19 janvier 1688, à la question ordinaire et extraordinaire, et, quoiqu'il n'eût rien avoué, le 16 février suivant il fut condamné à neuf années de galères, et sa femme bannie de Paris, pendant le même espace de temps, avec restitutions, dommages et dépens.

Il faut remarquer que le sieur d'Anglade

et sa femme ne sont pas déclarés atteints et convaincus d'avoir fait le vol ; ce qui eût entraîné une peine capitale à cette époque ; mais ils étaient victimes d'apparences trompeuses, de conjectures hasardées, de préventions passionnées.

Le sieur d'Anglade, d'une complexion extrêmement faible, tomba malade dans son cachot, et était encore bien souffrant lors du départ de la chaîne. On reproche au comte de Montgommery d'avoir sollicité vivement le départ de d'Anglade, quoiqu'il fût encore loin d'être guéri, et de l'avoir attendu sur le chemin pour se repaître du cruel spectacle de l'état de souffrance du malheureux condamné. Arrivé à Marseille, d'Anglade fut transporté sans retard à l'hôpital des forçats. Sa santé paraissait irrémédiable ; ses chagrins, les souffrances de la route avaient épuisé toutes ses forces. Il mourut le 4 mars 1689, à Marseille, quatre mois après son arrivée.

Le sort de la dame d'Anglade n'était pas moins affreux. Renfermée avec sa fille, âgée de cinq ans, dans un cachot obscur, humide, infect ; manquant des choses les plus nécessaires à la vie, ce fut comme par miracle qu'elle put survivre à ses peines physiques et morales. L'espoir de justifier un jour la mémoire de son mari, et de se justifier elle-même, ranimait chaque jour son courage prêt à faillir.

Cependant, pour l'honneur de l'innocence, le ciel ménageait la découverte, bien tardive sans doute, des véritables auteurs du crime. Il courut dans le monde des lettres anonymes, où celui qui les avait écrites disait qu'allant s'enfermer dans un cloître, il se croyait obligé, pour la décharge de sa conscience, d'apprendre que le sieur d'Anglade était innocent du vol dont il avait été accusé ; que les auteurs du crime étaient Vincent, dit Belestre, fils d'un tanneur du Mans, et un prêtre appelé Gagnard, aussi du Mans, aumônier du comte de Montgommery ; et qu'une femme, nommée de la Comble, donnerait là-dessus des renseignemens positifs.

Ces lettres anonymes provoquèrent des informations sur la vie et les mœurs de Belestre et de Gagnard, qui avait quitté la maison du comte. On sut que Belestre, complice d'un assassinat dans sa jeunesse, s'était fait soldat ; qu'il avait déserté pour avoir tué un sergent; qu'étant de retour dans son pays, il avait toujours mené une vie errante et vagabonde; qu'il avait des liaisons très-intimes avec Gagnard; qu'enfin il avait changé tout-à-coup de fortune et avait acheté une terre de neuf à dix mille livres, auprès du Mans. Quant à Gagnard, on apprit qu'il était né dans le sein de la misère; qu'il était fils d'un geôlier de la prison du Mans; que, depuis qu'il n'était plus chez le comte de Montgommery, il vivait dans l'abondance, faisant une dépense excessive, et entretenait une fille.

Bientôt ces deux hommes furent arrêtés, Gagnard pour avoir été présent au meurtre d'un homme, et Belestre pour un vol fait à un marchand. Parmi les témoins qui furent entendus, la femme de la Comble déposa, entre autres choses, des circonstances précises du vol commis par Belestre et Gagnard chez le comte de Montgommery. Les preuves que l'on réunit rendirent la culpabilité de ces scélérats évidente, pleine et entière. Pendant l'instruction de leur procès, la demoiselle d'Anglade, sous l'autorité d'un tuteur, intervint, et demanda que les deux accusés fussent déclarés coupables du vol fait chez le comte de Montgommery, et que la mémoire de son père et de sa mère fût justifiée. La procédure apprit que Belestre était voleur de grands chemins, et que c'était lui qui avait fabriqué les fausses clefs qui avaient servi à faire le vol du comte de Montgommery.

Les faits étaient positifs et précis, les témoins nombreux et dignes de foi par leur accord, les dépositions accablantes. La potence termina le sort de ces deux scélérats. Belestre souffrit la question sans rien avouer ; Gagnard ne fut pas si ferme, il confessa le crime, et Belestre l'avoua avant d'être exécuté.

Comme on ne pouvait plus douter de l'innocence des deux époux d'Anglade, le conseil du roi donna des lettres de révision que le parlement retint. La dame d'Anglade forma une demande de dommages-intérêts contre le sieur de Montgommery. Il y eut de longues plaidoiries de part et d'autre. Le comte taxait d'injuste et de non-recevable la demande de l'infortunée : c'est ce qui excitait l'indignation du public, qui avait pris parti pour les innocens condamnés.

Enfin, le 17 juin 1693, le parlement rendit un arrêt qui réhabilitait pleinement la mémoire des deux époux, et qui satisfit aussi pleinement que possible à ce que voulaient la justice et l'humanité.

ASSASSINAT DE M. DE RIANCOURT.

Le 5 octobre 1697, entre sept et huit heures du soir, le sieur de Riancourt, retiré depuis quelques jours dans sa maison de campagne, étant à table avec sa femme dans sa cuisine, fut atteint d'un coup d'arme à feu chargé de trois balles, qui avait été tiré par une fenêtre dont quatre vitres cassées étaient couvertes d'un morceau de tapisserie fendu de manière à donner passage au canon de l'arme.

Ce coup de feu jeta l'effroi dans la maison. Deux domestiques, épouvantés, s'enfuirent. La servante se mit en devoir d'assister sa maîtresse pour donner du secours à M. de Riancourt, pensant qu'il n'était tombé qu'en faiblesse. Cependant le sang qui sortait en abondance de sa bouche et de ses blessures était d'un sinistre présage. En effet, il ne prononça que ces mots : « *Ah ! mon Dieu, qu'est ceci? Nous sommes perdus!* » et il rendit le dernier soupir.

Le lendemain du crime, le bailli de Jouars se transporta sur les lieux, dressa procès-verbal, apposa le scellé, interrogea les domestiques et d'autres témoins, et quelques jours après reçut la plainte de la veuve, sur laquelle il décréta de prise de corps deux quidams dont on désignait le visage, la taille et les habits.

Le 20 novembre, le sieur de Riancourt-Duplessis, frère du défunt, prévenu qu'il était soupçonné d'être l'auteur de l'assassinat, se pourvut devant le parlement de Paris, et rejeta l'accusation dirigée contre lui sur la veuve de son frère et sur le chevalier de Mouchy, qui furent décrétés de prise de corps. La veuve se constitua prisonnière, et, après diverses procédures devant plusieurs tribunaux, elle fut déclarée accusatrice et mise en liberté. En sa qualité d'accusatrice, elle continua l'instruction contre son beau-frère et les autres accusés. Mais au bout de quelque temps, plusieurs officiers de la ville de Montmédy ayant présenté au roi un placet dans lequel ils attestaient que le 5 octobre, jour de l'assassinat, le sieur de Riancourt-Duplessis n'était point sorti de la ville, et qu'ainsi il était injustement accusé d'avoir commis un crime à cinquante lieues de Montmédy, le grand conseil renvoya absous le sieur de Riancourt-Duplessis, et ordonna un plus ample informé contre Mouchy

Depuis cet arrêt, rendu le 25 septembre 1700, la veuve Riancourt, qui était restée accusatrice, ne fit aucune diligence.

Justement offensé du long silence de la veuve, le sieur de Riancourt se porta accusateur contre Mouchy et ses complices, et se fit autoriser à informer contre eux.

Quel pouvait être l'auteur du meurtre de M. de Riancourt ? Ce ne pouvait être son frère, le fait était bien constaté. On ne connaissait à M. de Riancourt qu'un seul ennemi personnel, et cet ennemi était l'intime ami, l'amant de sa femme ; enfin c'était ce Mouchy qui avait été décrété de prise de corps avec la veuve, mais qui avait pris la fuite. M. de Riancourt, offensé de la liaison trop familière qui s'était établie entre sa femme et lui, lui avait interdit la porte de sa maison. Des témoins ont attesté la conduite scandaleuse de la dame de Riancourt avec ce Mouchy, et l'autorité dont celui-ci s'était emparé dans la maison. D'autres circonstances venaient encore accuser cet homme. On avait vu Mouchy rôder, quelques jours avant l'assassinat, aux environs de la maison de M. de Riancourt; une gâche avait été enlevée dans l'intérieur de la maison; une porte laissée ouverte ou mal fermée pour faciliter l'entrée ou la sortie de l'assassin.

Ce qui donnait aussi quelque force aux soupçons de complicité qui planaient sur la veuve, c'était le lieu de la cuisine, où le défunt n'avait jamais mangé depuis trois ans; c'était aussi un souper de cérémonie qui devait avoir lieu ce soir-là, et qui avait été contremandé. C'était encore son silence à l'égard de Mouchy, depuis qu'elle était restée accusatrice.

On pouvait encore puiser dans la vie antérieure de Mouchy de bien fortes preuves contre lui. Il avait déjà été condamné à être rompu vif pour vols et pour assassinat. Tel était l'homme que madame de Riancourt avait choisi pour son favori.

Après plusieurs plaidoiries contradictoires, le grand conseil ordonna que la dame de Riancourt, qui venait de se marier en secondes noces, serait tenue de faire de nouvelles poursuites contre Mouchy, et d'en rendre compte au procureur-général. Du reste, le beau-frère et la belle-sœur furent mis hors de cour.

Plus de quinze ans après cet arrêt, il ne s'était présenté aucun incident, soit que Mouchy fût mort, soit qu'il fût resté dans les pays étrangers. Il est probable qu'alors on abandonna l'accusation.

On a lieu d'être surpris que le grand-conseil eût confié la poursuite à la veuve. Dès que le meurtrier indiqué était accusé d'être son amant, pouvait-on croire qu'elle poursuivrait le coupable avec toute la vigueur d'une femme vertueuse?

Cette affaire criminelle, extrêmement singulière, fut aussi singulièrement jugée. Elle est propre néanmoins à donner une grande leçon. Sans ses liaisons adultères avec Mouchy, madame de Riancourt n'aurait pas été

accusée de complicité avec l'assassin , et peut-
être le meurtre n'eût-il pas eu lieu. La conclusion morale est facile à tirer.

ASSASSINAT

DE LA DAME MAZEL.

SUPPLICE D'UN INNOCENT PRIS POUR LE MEUR-
TRIER ; SA RÉHABILITATION ; JUGEMENT ET
AVEUX DU VRAI COUPABLE.

Quand on se représente un malheureux,
accusé d'un grand crime, et condamné à une
peine horrible, sur des indices sinon légers ,
mais qui semblent ne pas équivaloir à des preuves claires et irrésistibles, on éprouve un sentiment de compassion pénible ; on blâme secrètement la sévérité des magistrats ; on
déplore, au nom de l'humanité, la rigoureuse
nécessité qui leur a confié le glaive de la justice pour le repos de l'ordre social. Mais si
cet homme, mort dans les tortures , vient à

être reconnu innocent; si son innocence est proclamée par les aveux de l'auteur même du crime, et si l'on songe que semblable destinée peut atteindre l'homme le plus vertueux; alors le cœur se brise de douleur, et l'on s'indigne contre la rigueur des lois et contre la précipitation funeste des juges. Le fait suivant, qui nous suggère ces réflexions, les confirmera pleinement.

La dame Mazel occupait un hôtel rue des Maçons-Sorbonne. Cette maison avait quatre étages, qui étaient occupés par les domestiques, à l'exception du premier, qui formait un appartement de réserve destiné aux visiteurs et aux joueurs, et du second où couchait la dame Mazel. Son valet de chambre, Lebrun, avait son lit dans une salle qui servait d'office, près du grand escalier.

La chambre à coucher de la dame Mazel donnait sur la cour; pour y arriver, il fallait passer deux anti-chambres; la première, sortant sur un grand escalier, restait toujours ouverte; on fermait la seconde après le coucher de la maîtresse, et l'on mettait la clef sur la cheminée de la première; la clef de sa chambre se mettait alors sur un siége en dedans, près de la porte, qu'on tirait en sortant. Dans cette chambre à coucher, il y avait deux autres portes, l'une qui ouvrait sur un escalier dérobé, l'autre dans une garde-robe qui donnait sur le même escalier.

Du reste, la maison, rendez-vous bruyant de joueurs, de joueuses et de laquais était ouverte jour et nuit.

Le 27 novembre 1689, madame Mazel, ayant soupé, se coucha à onze heures du soir, les clefs étant posées comme de coutume, et le valet de chambre Lebrun ayant tiré la porte de la chambre.

Le lendemain matin, à huit heures, madame Mazel n'étant pas encore levée, contre son habitude, qui était de se lever à sept heures, l'inquiétude commença à se répandre parmi ses domestiques. Après avoir attendu quelque temps, on frappa à sa porte; comme elle ne répondait pas, on courut en avertir M. de Savonière, son fils, conseiller au parlement, qui se trouvait en ce moment-là au palais. Il arrive, envoie chercher un serrurier; on ouvre sans peine. Avant l'ouverture de la porte, chacun émettait ses conjectures; les uns disaient que madame Mazel était tombée en apoplexie; les autres, qu'il lui avait pris sans doute un saignement de nez qui lui était ordinaire. Lebrun dit : « Il faut que ce soit quelque chose de pis : je suis fort inquiet d'avoir vu, la nuit, la porte ouverte. »

Quelqu'un ayant dit qu'il fallait un chirurgien, Lebrun dit : *Il n'est pas question de cela, c'est bien pis.*

Aussitôt que la porte fut ouverte, Lebrun entra le premier, et, courant au lit de la dame Mazel, il l'appela plusieurs fois, puis s'écria : *Ah! Madame est assassinée!* Il passa ensuite dans la garderobe, ôta une des barres de la fenêtre pour donner du jour, souleva le coffre-fort, qui était bien fermé, et dit : *Elle n'est point volée, qu'est-ce que cela?*

Des médecins furent appelés pour visiter le corps, et le lieutenant-criminel pour constater le crime.

Les hommes de l'art lui trouvèrent cinquante coups de couteau : il y en avait un grand nombre aux mains et aux bras, quelques-uns au visage, à l'omoplate et à la jugulaire; ce qui avait été suivi d'une grande effusion de sang qui avait causé la mort, car aucune des blessures par elle-même n'était mortelle. On trouva dans le lit tout ensanglanté un morceau de cravate de dentelle teint de sang, et une serviette tournée en forme de bonnet de nuit. Cette serviette, aussi ensanglantée, était marquée comme celles de la maison. On présuma que la dame Mazel, en se défendant, avait arraché à l'assassin ce morceau de cravate et cette espèce de bonnet. La victime avait tous les doigts coupés; on trouva quelques cheveux dans une de ses mains. Les cordons des sonnettes se trouvèrent tournés à la tringle de la housse du lit et serrés à deux nœuds. Enfin on trouva dans les cendres un couteau à secret; la clef de la chambre n'était point à sa place accoutumée. Les deux portes du petit escalier et de la garderobe étaient fermées en dedans avec un crochet. A la première visite que l'on fit du coffre-fort, on jugea que la dame Mazel n'avait point été volée.

Lebrun fut interrogé sur-le-champ sur ce qu'il avait fait la veille au soir; puis, le lieutenant-criminel l'ayant fait fouiller, on trouva sur lui la clef de l'office et un passe-partout à ouvertures fort larges qui ouvrait la porte de la chambre à demi-tour. Ce passe-partout fit naître de violens soupçons. Lebrun fut gardé à vue : on lui mit à la tête la serviette tournée en forme de bonnet de nuit ; après quoi, il fut conduit en prison, et sa femme arrêtée.

Le lendemain, le magistrat vint interroger les autres domestiques. Ce jour-là, on trouva au bas du petit escalier une longue corde neuve tenant à un croc de fer à trois branches, et ayant, d'espace en espace, différens nœuds pour servir d'échelle.

Lorsque Lebrun fut visité, il ne se trouva ni sur lui, ni sur ses habits, aucune égratignure, et pas la moindre tache de sang. Le même jour, en faisant perquisition dans les greniers, on trouva sous de la paille une chemise dont le devant et les manches étaient ensanglantés, et un col de cravate taché de sang aux deux bouts. Les visites, faites chez la femme de Lebrun, ne fournirent aucun indice contre son mari.

Pour plus ample information, on fit venir serruriers, couteliers, lingères et cordiers. Les serruriers trouvèrent que le passe-partout de Lebrun ouvrait les doubles tours de la grande porte, ainsi que ceux de la chambre et des anti-chambres. Les couteliers ne virent aucun rapport entre le couteau de Lebrun et celui trouvé dans les cendres. Les cordiers trouvèrent que la corde nouée ne ressemblait nullement aux vieilles cordes trouvées dans l'office. Les lingères établirent une grande différence entre la chemise ensanglantée et celle de Lebrun. Des femmes de chambre de la maison crurent l'avoir blanchie à un laquais nommé Berry, qui avait été chassé de la maison pour vol.

Il était bien constant que l'assassinat avait été commis par quelqu'un qui connaissait parfaitement les êtres de la maison. Tout semblait aussi prouver que Lebrun n'était pas l'assassin, mais il était fortement soupçonné d'avoir introduit le meurtrier dans la chambre à coucher de sa maîtresse. Telle fut la conviction des juges à cet égard, qu'ils le condamnèrent à la peine capitale. La sentence portée contre lui le condamna à faire amende honorable, et à être rompu vif, après avoir été appliqué à la question ordinaire et extraordinaire. Après un examen attentif et consciencieux, le parlement confirma la condamnation à la question, et le malheureux Lebrun fut mis à la torture. Il nia constamment le crime dont on l'accusait, ce qui occasiona un second arrêt du 27 février 1690, qui infirme l'arrêt du Châtelet, et renvoie l'affaire à un plus ample informé, pendant lequel Lebrun devait rester en prison.

Après avoir subi le supplice de la question, Lebrun s'était trouvé si faible, que, ne pouvant marcher, il fut porté dans l'infirmerie de la prison. Il y languit environ un mois, et mourut, à l'âge de 45 ans, le 1er mars. Il y eut un grand concours de peuple à son enterrement. Chacun était convaincu de son innocence, chacun déplorait sa triste destinée et l'infortune de sa famille.

Le coupable fut enfin découvert. Le 27 mars il fut arrêté par le prevôt de Sens. Il faisait trafic de chevaux dans cette ville depuis quelque temps. Il s'appelait Jean Gerlat, dit Berry ; c'était le laquais de la dame Mazel dont nous avons parlé plus haut. Il offrit à ceux qui l'arrêtèrent une bourse pleine d'or, afin qu'ils le laissassent évader. On trouva sur lui une montre qu'on avait vue à la dame Mazel la veille de son assassinat. Amené à Paris, à la requête de MM. de Savonière et de la veuve Lebrun, plusieurs dirent l'y avoir vu

dans le temps du meurtre de la dame Mazel ;
ce qu'il niait fortement. Une femme le reconnut pour l'avoir vu sortir de la maison Mazel
pendant la nuit du meurtre. La chemise et la
cravate ensanglantées furent reconnues pour
lui appartenir.

Appliqué à la question, il dit que c'était
par les ordres de madame de Savonière que
Lebrun et lui avaient fait le complot de voler et tuer madame Mazel ; que Lebrun, qui
s'était chargé de l'exécution , était entré seul
dans la chambre de sa maîtresse, et l'avait
poignardée pendant que lui, Berry, faisait le
guet.

Ce scélérat croyait en imposer encore à la
justice ; pourtant il était démenti par toutes les
preuves rapportées au procès. Mais il changea
de langage lorsqu'il eut été conduit en place
de Grève pour l'exécution. Il rendit pleinement hommage à la vérité. D'abord il désa-
voua tout ce qu'il avait dit contre madame de
Savonière et contre Lebrun. Il fit ensuite l'histoire de son crime , qu'il avait commis tout
seul. Il dit, entre autres choses, qu'étant venu
à Paris pour voler madame Mazel, il entra
deux jours après dans sa maison, ayant trouvé

la porte de la rue ouverte. Il monta, sans être
vu, dans le grenier, où il resta, vivant de pom-
mes et de pain, pendant deux jours. Le second était un dimanche. A onze heures du matin, heure de la messe pour madame Mazel,
il descendit dans sa chambre et se cacha sous
son lit. Plus tard, madame Mazel étant allée
à vêpres, il sortit de dessous le lit; son chapeau l'incommodant, il l'y laissa, et se fit un
bonnet d'une serviette qu'il trouva; il noua
les cordons des sonnettes, et resta à se chauffer
jusqu'au soir, qu'entendant le carosse rentrer, il se remit sous le lit et y attendit mi-
nuit. Croyant alors madame Mazel endormie,
il sortit de sa cachette; mais, l'ayant trouvée
éveillée, il lui demanda de l'argent. Elle se
mit à crier. « Madame, si vous criez, je
vous tue, » lui dit le scélérat; et, comme elle
cherchait les cordons de ses sonnettes, il lui
porta plusieurs coups de couteau, jusqu'à ce
qu'il la crût tuée. Puis il alluma de la chan-
delle, prit à côté du lit la clef de l'armoire,
dans laquelle il trouva les clefs du coffre-fort;
y prit environ cinq à six cents louis, une
montre d'or, et remit les clefs où il les avait
prises. Il jeta son couteau dans le feu, laissa

la serviette dont il s'était fait un bonnet, remonta dans son grenier, après avoir fermé
toutes les portes derrière lui, quitta sa chemise ensanglantée, se lava les mains avec son
urine, remit son habit, descendit à la porte
de la rue, et sortit. Il avoua aussi qu'il s'était
muni d'une échelle de corde, afin de descendre
d'une fenêtre du premier étage, si la grande
porte avait été fermée.

Après cette déclaration, qui lavait complé-
tement la mémoire de Lebrun, Berry fut
exécuté.

La femme de Lebrun, restée veuve avec
cinq enfans mineurs, demanda, conjointement
avec leur tuteur la réhabilitation, de la mémoire de son mari, avec restitution des effets
qu'on lui avait enlevés, et confirmation des
legs qui les concernaient dans le testament de
madame Mazel. Elle réclama de plus, de la part
de monsieur de Savonière, leur accusateur,
cinquante mille livres de dommages - intérêts
pour ses enfans, vingt mille pour elle-même,
et le paiement de tous les dépens. L'arrêt du
parlement, du 30 mars 1694, fit droit à cette
requête, excepté pour ce qui concernait les
dommages - intérêts.

MADAME TIQUET,

SES DÉSORDRES, SES CRIMES.

L'adultère ouvre la porte à une foule d'autres crimes. Chose étrange ! un sentiment aussi tendre que celui de l'amour finit quelquefois par des atrocités. C'est que ce n'est jamais impunément que l'on foule aux pieds les lois de la société, que l'on viole la foi jurée. Ces réflexions rappellent naturellement l'exemple de la marquise de Brinvilliers, qui, comme madame Tiquet, préluda aux crimes les plus horribles par les désordres du libertinage.

Madame Tiquet, fille d'un riche libraire de Metz, nommé Carlier, était douée d'une grande beauté et d'un esprit cultivé. Restée orpheline à l'âge de quinze ans, elle se vit en possession d'un demi-million, part qu'elle eut dans la riche succession de son père.

La fortune et la beauté de mademoiselle

Carlier attirèrent un grand nombre de prétendans à sa main. Ce fut M. Tiquet, conseiller au parlement, qui l'emporta. La demoiselle se détermina en sa faveur, à cause du rang qu'elle occuperait et de la richesse qu'elle supposait à son futur. Les commencemens de ce mariage furent rians : un fils et une fille, qui en furent les fruits, semblaient devoir resserrer encore les liens qui unissaient les deux époux. Mais bientôt les dépenses excessives de madame Tiquet obligèrent son mari, qui n'était pas riche, à lui faire connaître le véritable état de sa fortune. Dans le même temps, le sieur de Montgeorge, capitaine aux gardes, se présenta chez madame Tiquet, et fit agréer très-aisément ses hommages empressés. M. Tiquet devint jaloux et se fit haïr de sa femme. Un époux jaloux et haï, un amant aimable et aimé, ont bientôt fait du chemin en sens inverse dans le cœur d'une femme. Au reste, madame Tiquet, par un effet de sa complexion, se livrait à des désordres secrets dans lesquels elle admettait souvent pour complices les sujets du plus bas étage. Elle gardait néanmoins de certains dehors, et savait si bien se composer, qu'elle était admise dans les meilleures sociétés, dont elle faisait l'agrément.

Cependant la fortune de M. Tiquet était très-dérangée. Ses créanciers le poursuivaient; sa femme obtint sa séparation de biens au Châtelet. Elle avait deux griefs contre son mari : le premier, d'avoir été trompée sur sa fortune; le second, d'être contrainte dans ses plaisirs; et tourmentée par la jalousie de son argus, qui épiait toutes ses démarches.

De telles dispositions la conduisirent bientôt au désir de se défaire de ce mari importun; elle s'adresse à un scélérat, Auguste Cattelain, qui servait les étrangers arrivant à Paris; lui donne une grosse somme, et lui en promet davantage s'il parvient à assassiner M. Tiquet. Elle gagne aussi son portier par les mêmes moyens, et l'associe à cet horrible complot : heureusement les assassins manquèrent leur coup.

Cette entreprise ayant échoué, madame Tiquet témoigna qu'elle avait changé de dessein, et recommanda le secret à ses deux complices. M. Tiquet, qui soupçonnait le portier de favoriser le sieur de Montgeorge, chassa ce domestique, et garda lui-même la clef de sa maison. Quand il sortait sur le soir, pour rentrer fort tard, il emportait la clef, et, quand il se couchait, il la mettait sous son chevet. Les deux époux avaient chacun leur appartement, et ils ne se voyaient qu'à table. Ils vécurent ainsi trois ans, dans une mutuelle froideur et dans un morne silence.

Ce fut dans cet intervalle de temps qu'elle donna ordre au valet de chambre de son mari de lui porter un bouillon qui était empoisonné ; et, comme ce valet de chambre avait découvert le crime, il affecta de faire un faux pas et de laisser tomber le bouillon, et demanda incontinent son congé; mais quand il fut sorti, il révéla ce mystère d'iniquité.

Ce second essai n'ayant pas mieux réussi que le premier, madame Tiquet revint à son ancien projet d'assassinat. Elle ne s'en ouvrit qu'à son portier, qui se chargea de trouver des gens d'exécution. Un jour, elle entra tout émue chez madame la comtesse d'Aunay, où se réunissait une société brillante. On lui demanda ce qu'elle avait : « Je viens, dit-elle, de passer deux heures avec le diable. — Vous avez eu là une vilaine compagnie, répondit la comtesse d'Aunay. — Quand je dis, répliqua madame Tiquet, que j'ai vu le diable, je veux dire une devineresse fameuse qui prédit l'avenir. — Que vous a-t-elle donc prédit? demanda la comtesse d'Aunay.—Rien que de flatteur, dit madame Tiquet. Elle m'a assuré que dans deux mois je serais au-dessus de mes ennemis et hors d'état de craindre leur malice, et que je serais parfaitement heureuse. Vous voyez bien, madame, que je ne dois pas compter là-dessus, puisque je ne serai jamais tranquille pendant la vie de M. Tiquet, qui se porte trop bien pour que je compte sur un si prompt dénoûment. »

Ce jour-là même, M. Tiquet rentra fort tard chez lui ; on entendit tirer plusieurs coups de pistolet ; les domestiques accoururent et trouvèrent leur maître baigné dans son sang. Toutefois ses blessures n'étaient ni mortelles ni graves ; il ne voulut pas qu'on le fît entrer chez lui, et, par son ordre, on le conduisit chez une personne du voisinage. Quelques instans après, madame Tiquet s'y étant présentée, son mari refusa de la voir. Le commissaire du quartier étant venu pour recevoir la plainte de M. Tiquet, et lui demandant quels étaient ses ennemis, le blessé lui répondit qu'il n'en avait point d'autres que sa femme. Cette réponse confirma les soupçons qui dès l'abord avaient plané sur elle. Cependant madame Tiquet montrait toujours la même force d'esprit, au milieu des accusations dont elle était l'objet; elle ne se déconcertait point, et conservait tous les dehors imposans de l'innocence. On lui conseilla de fuir, mais elle ne voulut jamais y consentir, croyant qu'elle saurait bien fasciner la justice. Mais Auguste Cattelain vint déclarer de lui-même en justice que, trois ans auparavant, madame Tiquet lui avait donné de l'argent pour assassiner son mari, et que le portier était du complot. Il n'y eut point assez de preuves pour convaincre madame Tiquet du dernier assassinat; mais on en trouva assez pour la déclarer coupable de la machination du premier, et la condamner à une peine capitale.

C'est sur ce fondement que les juges du Châtelet condamnèrent le 3 juin 1699 madame Tiquet à avoir la tête tranchée. Le portier fut condamné à être pendu.

Auguste Cattelain fut dans la suite condamné aux galères perpétuelles.

M. Tiquet, guéri de ses blessures, alla à Versailles, accompagné de ses deux enfans, se jeter aux pieds du roi pour demander la grâce de sa femme ; mais le monarque fut inflexible. Le frère de madame Tiquet, capitaine aux gardes, et le sieur de Montgeorge, firent jouer tous les ressorts à la cour pour toucher la clémence royale. Le roi aurait pu sans doute céder à toutes ces instances ; mais l'archevêque de Paris s'y opposa, alléguant que la sûreté de la vie des maris dépendait de la punition de madame Tiquet ; que le grand pénitencier avait les oreilles rebattues des confessions de femmes qui s'accusaient d'avoir attenté à la vie de leurs maris. Cette remontrance détermina le roi à laisser faire un grand exemple à la justice.

Madame Tiquet était dans la force de l'âge : elle avait quarante-deux ans. Le lendemain de la Fête-Dieu, on la conduisit à la chambre de la question ; on lui lut son arrêt, qu'elle entendit sans sourciller. Elle refusa d'abord d'avouer son crime, et fut soumise à la question ; mais après le premier pot d'eau, faisant réflexion que sa fermeté ne lui servirait de rien, elle avoua tout ; et sur ce qu'il lui fut demandé si M. de Montgeorge n'avait point eu part à son crime, elle s'écria : « *Ah ! je n'ai eu garde de lui en faire confidence , j'aurais perdu son estime sans ressource !* »

Son interrogatoire achevé, le curé de Saint-Sulpice s'approcha d'elle et la disposa à mourir. Elle fut mise dans la charrette, ainsi que son portier : là ils se demandèrent pardon l'un à l'autre. Le portier fut exécuté le premier ; son tour arrivé, quand elle fut montée sur l'échafaud, elle baisa le billot, accommoda elle - même ses cheveux, et présenta son cou au bourreau. Celui-ci était si troublé, qu'il ne put lui abattre la tête qu'au troisième coup. On laissa quelque temps cette tête sur l'échafaud, pour que ce spectacle imprimât dans les esprits une terreur salutaire.

JUGES DE MANTES

PUNIS COMME PRÉVARICATEURS.

Il n'est peut-être pas de crime plus préjudiciable à la société que celui de la prévarication des juges. On se défie d'un voleur, d'un assassin ; mais on se confie aveuglément au magistrat armé du glaive de la loi pour la défense des citoyens. S'il vient à prévariquer, c'est un attentat pire même que celui d'une sentinelle qui égorgerait ceux qu'elle est chargée de garder et de protéger. Aussi le roi Cambyse fit-il écorcher tout vif un juge prévaricateur, et couvrir de sa peau le siége de son fils, qui lui succédait dans sa charge, afin qu'ayant toujours présent le supplice de son père, il ne fût jamais tenté d'imiter son exemple.

Charles Goubert des Ferrières, gentilhomme d'ancienne noblesse, avait exercé pendant plusieurs années la charge de garde de la manche du roi. Il était seigneur des

Ferrières, de la paroisse de Saint-Chéron, et
d'une partie de celle de Villeneuve. Ce gentilhomme avait été souvent l'arbitre des dif-
férends du point d'honneur parmi ses égaux.
Du reste, sa conduite, ou du moins sa réputation, n'était pas sans reproche.

Il avait un fils, Claude de Saint-Chéron,
et deux filles, Geneviève et Catherine. Ce fils
et Geneviève, sa fille aînée, furent accusés d'un commerce incestueux. Geneviève se
déroba aux recherches de la justice, mais
Saint-Chéron fut arrêté. Le sieur Bourret,
procureur du roi de la maréchaussée de
Mantes, l'accusa en outre d'avoir enlevé sa
cousine germaine, d'en avoir eu des enfans
qu'il avait fait disparaître, et d'avoir commis
plusieurs vols faits dans le pays. Le père fut
aussi accusé de vol; mais, en sa qualité de
gentilhomme, il déclina la juridiction de la
maréchaussée, et obtint sa liberté, moyennant un plus ample informé, pendant trois
mois.

Quant au fils, ayant été condamné aux galères perpétuelles, il sollicita une commuta-
tion de peine, et obtint le bannissement à
perpétuité. Il prit alors du service; mais étant

revenu chez son père pendant la paix, il y fut arrêté pour avoir violé son ban, et il fut pendu le 10 septembre 1698, ensuite exposé à la porte de la maison paternelle, attaché à un arbre.

La justice s'empara aussi de la terre de Saint-Chéron pour le paiement d'une amende de mille livres qui faisait partie de sa sentence de condamnation. Le père, n'étant point tenu d'acquitter les dettes de son fils, appela de cette saisie arbitraire au parlement. Cet appel irrita les juges de Mantes; ils reprirent, sur de nouvelles charges, le procès intenté précédemment contre ce gentilhomme. Goubert des Ferrières se rendit de nouveau appelant, et prit à partie le procureur du roi, le greffier, le prevôt et l'assesseur.

Ses accusateurs, qui étaient en même temps juges et parties, n'eurent aucun égard à cet appel. Ils firent décréter des Ferrières; on vint l'arrêter dans son château, et, sans pitié pour l'âge de cet homme plus qu'octogénaire, on le traîna dans un cachot avec la dernière barbarie.

Cependant le parlement rendit un arrêt par lequel il mandait à sa barre les juges avec les informations du procès. Mais, au lieu d'obéir à cette injonction, le procureur du roi de la maréchaussée de Mantes changea de tribunal et passa au grand conseil, où, sur une simple requête, il obtint un arrêt qui l'autorisait à poursuivre le procès, sauf à l'accusé à se pourvoir par les voies de droit. On déroba la connaissance de cet arrêt à l'accusé, et la procédure fut continuée. Quand l'instruction fut terminée, le procureur du roi, qui était le plus acharné des accusateurs de des Ferrières, signifia ledit arrêt au procureur au parlement. Celui-ci présenta une requête au grand conseil, qui renvoya l'affaire à l'audience à Mantes. Le sieur Petit fut nommé rapporteur. On n'appela pas le lieutenant-général, dont on redoutait les lumières et la droiture. On se hâta pour le jugement, de peur que l'ordre de surseoir n'arriva de Paris avant que l'affaire ne fût consommée. Des Ferrières fut donc jugé sur-le-champ à être pendu à la place du marché, pour vols et autres cas mentionnés dans l'arrêt. Cette sentence inique fut exécutée en toute diligence et avec des circonstances révoltantes.

Or, voici sommairement l'origine de toutes ces procédures, tant contre le fils que contre le père. La cupidité dès juges fut l'unique mobile de leur acharnement et la cause de leur crime. Les terres du malheureux des Ferrières étaient à la bienséance de plusieurs officiers de la maréchaussée qui espéraient s'en rendre adjudicataires.

Après l'horrible supplice de son père, Catherine Goubert des Ferrières, demoiselle vertueuse et d'une conduite irréprochable, se fit un devoir de laver et de venger la mémoire de l'auteur de ses jours. Elle se pourvut au conseil d'état, demanda des juges, et attaqua ceux du tribunal de Mantes, suppliant le roi de statuer selon sa volonté, pour la peine due à la prévarication de ces magistrats, qui était évidente. Le roi, frappé de la teneur de la requête, et indigné que de semblables griefs pussent être articulés contre des organes de la justice, chargea le chancelier Boucherat de l'examen de cette affaire. Le chancelier seconda avec zèle les vues équitables du monarque. Des conseillers d'état distingués par leurs connaissances et leur probité eurent mission d'instruire; et sur leur rapport, tous les juges de Mantes, qui avaient condamné des Ferrières, furent arrêtés et conduits à Versailles. Une heure après leur arrivée, le chancelier les fit amener en sa présence, et les traita avec rudesse et indignation, surtout le procureur du roi, qu'il appela fripon et prévaricateur. Le chancelier donna ensuite l'ordre de conduire cet indigne magistrat au cachot, dans la conciergerie du palais.

Le roi renvoya l'examen de l'affaire aux requêtes de l'hôtel, fit expédier des lettres de révision, et donna l'ordre de juger en dernier ressort. Le procureur-général de la chambre et le rapporteur s'étant transportés à Mantes, pour les informations nécessaires, et l'instruction étant aussi complète que possible, intervint l'arrêt définitif du 1er septembre 1699, qui déclarait les juges de Mantes atteints et convaincus de prévarication; et condamnait en conséquence le procureur du roi, le prevôt, et l'assesseur, à être bannis pour cinq ans de la ville, bailliage et ressort de Mantes. Le même arrêt bannissait à perpétuité du royaume le greffier de la maréchaussée, et prononçait d'autres condamnations contre des subalternes. En outre, les condamnés devaient remettre incessamment à Saint-Chéron les meubles enlevés par eux; et ils étaient solidairement tenus à vingt mille livres de réparation civile, en tous dépens, et à fonder à perpétuité, pour le jour anniversaire de l'exécution du sieur des Ferrières, un service solennel, avec une messe haute, à diacre et sous-diacre, dans l'église de Notre-Dame de Mantes, pour le repos de l'âme du défunt. Cette fondation et sa cause devaient être gravées sur un marbre blanc placé sur un des piliers de la même église. La fondation et le marbre ne furent point exécutés; les officiers condamnés donnèrent une somme au chapitre et à la succession.

Cette condamnation n'était sans doute pas proportionnée au crime; même dans notre siècle si ennemi des peines de sang, on trouvera que la justice fut trop indulgente à l'égard de ses dépositaires infidèles; mais la loi du talion eût-elle réparé ce qui était irréparable? Le sang des juges prévaricateurs eût-il rendu la vie à leur victime? Au lieu que le jugement qui les flétrissait, qui les tuait, pour ainsi dire, civilement, dut faire une grande sensation, et donner un enseignement salutaire.

LES DRAGONNADES.

La révocation de l'édit de Nantes, qui priva la France d'une partie notable de son industrie, de sa richesse, et de ses bons citoyens, fut non seulement une grande faute politique du règne de Louis XIV, mais encore une exécrable violation de tous les droits; enfin, s'il est permis de parler ainsi, ce fut une hydre de crimes par toutes les horreurs qui en sortirent.

Cette révocation, arrachée à la vieillesse du grand roi, semble un honteux anachronisme dans ce règne si resplendissant de toutes les gloires; on croirait rétrograder jusqu'au moyen âge.

Le ministre Louvois, le jésuite Letellier, et madame de Maintenon, furent les principaux artisans de cette déloyale mesure, et de tout ce qui suivit. Comme le roi avait alors de fréquens accès de dévotion, on tâchait, pour lui complaire, de convertir, par argent, des protestans réformés. Il y avait à cet effet une caisse, administrée par Pélisson, célèbre converti lui-même, qui apportait le plus grand zèle à la conversion de ses anciens coreligionnaires. Rien de plus ridicule que ces listes de convertis, présentées au roi, avec le prix des conversions en marge ; rien de plus illusoire aussi que ces actes, arrachés par l'intérêt du moment ou par la crainte, et rétractés presque aussitôt par ceux qui les avaient souscrits.

De cette caisse, comparée par les protestans à la boîte de Pandore, sortirent presque tous les maux dont ils eurent à se plaindre. Il est aisé de sentir que l'achat de ces prétendues conversions dans la lie des calvinistes, les surprises, les fraudes pieuses qui s'y mêlèrent, et tous les comptes exagérés rendus par des commis infidèles, persuadèrent faussement au roi que les réformés n'étaient plus attachés à leur religion, et que le moindre intérêt suffirait pour les engager à en faire le sacrifice. Ce préjugé dicta presque seul les lois atroces qui furent rendues contre ceux qui, après avoir abjuré, retourneraient à leur ancien culte. De là aussi l'emploi des soldats dans une entreprise qui n'aurait dû être que l'œuvre de la persuasion, et non celle du sabre. Cette mission d'un nouveau genre fut appelée la *mission bottée*, et comme on y employait plus de dragons que d'autres troupes, ces expéditions avaient reçu le surnom de *dragonnades*.

Les troubles des Cévennes furent un des résultats immédiats de toutes ces mesures iniques. Les pasteurs protestans, forcés de fuir par la rigueur des édits, et par la terreur des supplices, avaient dit à leur troupeau : « L'esprit du Seigneur sera avec vous ; il parlera par la bouche des enfans et des femmes, plutôt que de vous abandonner. » Du reste, il n'est pas étonnant que ces malheureux montagnards fussent en proie à une exaspération frénétique. On abattait leurs temples, on livrait leur pays à la licence des soldats, on enlevait leurs enfans, on rasait les maisons de ceux qu'on appelait opiniâtres ; on faisait expirer sur la roue les plus zélés de leurs pasteurs. Les montagnards forcèrent la maison d'un de leurs persécuteurs, arrachèrent de ses mains quelques-uns de leurs enfans, et l'égorgèrent. Poursuivis pour ce crime, ils se défendirent. Les assassinats et les incendies remplirent d'épouvante tous les pays qui environnent les montagnes. On fut obligé d'envoyer une armée et des maréchaux de France pour soumettre ces rebelles

Ces malheureux, attachés opiniâtrement à leur commuuion, formaient dans les campagnes des assemblées qu'on appelait les *assemblées du désert*, s'y réunissaient en plein jour dans toutes les provinces, le plus souvent dans le voisinage des grandes villes. Les riches négocians, les bourgeois d'une fortune aisée, les gentilshommes considérés dans leurs provinces, venaient assidument à ces assemblées, et y donnaient au peuple l'exemple de la ferveur. Des vieillards accouraient de vingt, de trente lieues, pour jouir d'un spectacle si consolant pour eux.

Il y avait une ordonnance qui taxait à une amende tous les habitans d'un district où il y aurait eu des assemblées. On fit revivre en Languedoc cette ordonnance presque tombée en désuétude; on commença dans toutes les provinces protestantes à loger arbitrairement des troupes, à enlever les enfans, à confisquer les biens, à condamner aux galères, à mettre les ministres à mort. Les trou-

pes furent envoyées dans les bois pour dis-
perser, par le fer et par le feu, ces multitudes
de femmes, de vieillards et de gens sans armes. Les prisons de Grenoble, de Brest, de
Montpellier, de Valence, de Die, de Monté-
limart, de Nîmes, de Ferrières, de la tour
de Lourdes, d'Auch, de Saint-Hippolyte, d'A-
lais, regorgeaient de prétendus nouveaux
convertis. En Languedoc, dans la seule année
1746, il y eut vingt-huit personnes de cette
province conduites à la chaîne des forçats.
On vit à Toulouse trois frères d'une noble
famille, et dont l'aîné n'avait pas vingt-deux
ans, dont la seule faute était d'avoir brisé les
portes de la prison où leur pasteur était en-
chaîné, condamnés à mourir avec lui. On les
vit monter ensemble sur un échafaud dressé
à côté de son gibet, et leurs têtes tomber
tour à tour sous le fer des bourreaux.

Un prédicant, nommé Marlié, fut pendu
avec ses trois enfans, convaincu d'avoir prêché sa religion et d'avoir fait convoquer l'assemblée par ses fils. On fit feu sur plusieurs
familles qui allaient au prêche; on en tua
dix-huit dans le diocèse d'Uzès: et trois femmes
enceintes étant du nombre des morts, on les

éventra pour tuer leurs enfans dans leurs entrailles. « Ces femmes étaient dans leur tort, dit Voltaire en citant ce fait atroce, elles avaient en effet désobéi aux édits ; mais encore une fois les premiers chrétiens ne désobéissaient-ils pas aux édits des empereurs, quand ils prêchaient ? Il faut absolument ou convenir que les juges romains firent très-bien de pendre les chrétiens, ou dire que les juges catholiques firent très-mal de pendre les protestans : car, et protestans et premiers chrétiens étaient absolument dans les mêmes termes. »

Bientôt on apprit qu'un des plus beaux exemples de la piété filiale, s'était donné dans cette persécution même. Fabre, vieillard protestant, avait été surpris dans une assemblée de sa communion ; des soldats le traînaient au tribunal où ses juges, résolus d'effrayer le peuple, attendaient une victime ; son fils qui fuyait de la même assemblée, et qui déjà se trouvait hors d'atteinte, le voit entre les mains des soldats ; il accourt ; ses instances et ses pleurs réussissent à les émouvoir. Leur commisération lui permet de se substituer au vieillard ; et il est condamné par les juges au lent et ignominieux supplice des galères.

Après douze années, le bruit de cette action se répand. Ce généreux dévouement est exposé sur nos théâtres. Le fils Fabre, honoré par sa flétrissure même, vivait dans une petite ville des Cévennes, délivré de ses chaînes, mais encore sous le décret de sa condamnation. Il fut réhabilité aux applaudissemens publics.

Nous sommes heureux de pouvoir terminer ce triste récit des dragonnades par un trait aussi consolant de piété filiale.

LE MASQUE DE FER.

La raison d'état peut servir d'excuse, mais non de justification aux crimes qu'elle a fait commettre. Souvent des innocens ont été privés de leur liberté ou même de la vie, uniquement parce que leur existence pouvait donner quelque inquiétude au souverain, ou parce que leur nom pouvait servir de mot de ralliement à la révolte. Ces victimes, immolées à la politique, semblent mériter le plus puissant intérêt; et ceux qui les ont sacrifiées à ce qu'ils appellent la raison d'état, n'en sont pas moins regardés comme des bourreaux.

Le personnage mystérieux que l'histoire désigne sous le nom de *Masque de fer*, à défaut de certitude sur son véritable nom, est un intéressant exemple de la barbarie de cette politique égoiste. La curiosité du public a été d'autant plus excitée à son sujet, qu'on a été borné à des conjectures, et qu'il est douteux qu'elle soit jamais satisfaite.

Vers 1662, un prisonnier inconnu fut envoyé dans le plus grand secret au château de Pignerol, et de là transféré à l'île Sainte-Marguerite, dans la mer de Provence. C'était un homme d'une taille au-dessus de l'ordinaire et très-bien fait. Sa peau était un peu brune, mais fort douce, et il prenait autant de soin de la conserver en cet état que la femme la plus coquette. Son plus grand goût était pour le linge fin, pour les dentelles, pour les colifichets. Il jouait de la guitare, et paraissait avoir reçu une excellente éducation. Il intéressait vivement par le seul son de sa voix, ne se plaignait jamais de son état, et ne proférait aucune parole qui pût faire entrevoir ce qu'il était. Dans les maladies où il avait besoin du médecin ou du chirurgien, et dans les voyages que ses différentes translations occasionèrent, il portait un masque de velours dont la mentonnière avait des ressorts d'acier qui lui laissaient la liberté de manger et de boire. On avait l'ordre de le tuer s'il se découvrait; mais lorsqu'il était seul il pouvait se démasquer.

Il resta enfermé à Pignerol jusqu'à ce que Saint-Mars, officier de confiance, commandant de ce château, obtint la lieutenance de roi des îles de Lérins. Il le mena avec lui dans cette solitude maritime, et lorsqu'il fut fait gouverneur de la Bastille son captif le suivit, toujours masqué.

Ce prisonnier fut logé à la Bastille aussi bien qu'on pouvait l'être. On ne lui refusait rien de ce qu'il demandait; on lui donnait les plus riches habits, on lui faisait la plus grande chère, et le gouverneur, qui lui parlait toujours chapeau bas, ne s'asseyait jamais devant lui. Le marquis de Louvois, s'étant rendu à Sainte-Marguerite pour le voir, avant sa translation à Paris, lui parla avec une considération toute respectueuse.

Ce qui redoubla l'étonnement, c'est que lorsqu'il fut envoyé à l'île Sainte-Marguerite, il ne disparut dans l'Europe aucun homme considérable. Nul doute pourtant que ce prisonnier, traité avec de si grands égards, enveloppé d'un voile si mystérieux, ne fût un personnage de la plus haute importance.

Pendant son séjour à l'île Sainte-Marguerite, le gouverneur mettait lui-même les plats sur la table du captif, et ensuite se retirait après l'avoir enfermé. Un jour, l'homme mystérieux écrivit avec la pointe du couteau sur une assiette d'argent, jeta cette assiette par la fenêtre vers un bateau qui était au rivage presque au pied de la tour. Un pêcheur ramassa l'assiette, et la rapporta au gouverneur. Celui-ci, étonné, dit au pêcheur : « Avez-vous lu ce qui est sur cette assiette ? et quelqu'un l'a-t-il vue entre vos mains ?—Je ne ne sais pas lire, répondit le pêcheur, je viens de la trouver, et personne ne l'a vue. » Cet homme fut retenu jusqu'à ce que le gouverneur fût bien informé qu'il n'avait jamais lu, et que l'assiette n'avait été vue de personne.

« Allez, lui dit-il, vous êtes bien heureux de ne savoir pas lire. »

Un historien de la Provence raconte un fait qui peut servir de confirmation à celui qui vient d'être rapporté. Il n'y avait que peu de personnes attachées au service du prisonnier qui eussent la liberté de lui parler. Un jour que Saint-Mars s'entretenait avec lui, en se tenant hors de la chambre dans une espèce de corridor pour voir de loin ceux qui viendraient, le fils d'un de ses amis arrive, et s'avance vers l'endroit où il entend du bruit. Le gouverneur, qui l'aperçoit, ferme aussitôt la porte de sa chambre, court précipitamment au devant du jeune homme, et, d'un air troublé, lui demande s'il a vu, s'il a entendu quelque chose. Dès qu'il se fut bien assuré du contraire, il le fit repartir le jour même, mandant à son ami, *que peu s'en était fallu que cette aventure n'eût coûté cher à son fils ; qu'il le lui renvoyait de peur de quelque imprudence.*

On lit dans une lettre de La Grange-Chancel à l'auteur de l'*Année littéraire*, que lorsque Saint-Mars alla prendre son prisonnier pour le conduire à la Bastille, celui-ci dit à son conducteur : « Est ce que le roi en veut à ma vie ? — Non, mon prince, répondit Saint-Mars, votre vie est en sûreté; vous n'avez qu'à vous laissez conduire. » J'ai su, ajoute Lagrange-Chancel, du nommé Dubuisson, caissier du fameux Samuel Bernard (qui, après avoir été quelques années à la Bastille, fut conduit aux îles Sainte-Marguerite), qu'il était dans une chambre avec quelques autres prisonniers, précisément au dessus de celle qui était occupée par cet inconnu : que par le tuyau de la cheminée ils pouvaient s'entretenir et se communiquer leurs pensées; mais que ceux-ci lui ayant demandé pourquoi il s'obstinait à leur taire son nom et ses aventures, il leur avait répondu que cet aveu lui coûterait la vie ainsi qu'à ceux auxquels il aurait révélé son secret. »

Le 19 novembre 1703, le prisonnier masqué, après une maladie qui ne dura que quelques heures, mourut et fut enterré dans le cimetière de la paroisse Saint-Paul, à Paris. On prit à sa mort autant et peut-être plus de précautions qu'on n'en avait pris de son vivant, pour qu'il ne restât aucun indice sur son état. Dans la crainte que des curieux ne vinssent le déterrer pour examiner les traits de son visage, on le déforma, on le mutila, ou, suivant Saint-Foix, on lui coupa la tête et l'on mit une pierre à sa place. On dépava sa chambre, on en regratta et blanchit les murailles et le plafond ; on en visita soigneusement tous les coins et recoins ; on brûla tous ses linges et vêtemens, et on fondit toute l'argenterie et les bijoux dont il s'était servi.

Quel pouvait être ce prisonnier entouré de soins, d'égards et de respects, et pourtant si étroitement gardé à vue? La raison d'état, qui a fait tous ses efforts pour dérober son existence au monde, n'a pas voulu qu'il fût connu davantage après sa mort. On enleva le feuillet du registre de la Bastille qui constatait son entrée dans cette forteresse, quoique ce feuillet fût bien loin de donner le mot de l'énigme. Les historiens se sont épuisés en conjectures à ce sujet; le Masque de fer a même donné lieu à des polémiques. Les uns ont voulu que ce fût le duc de Beaufort, d'autres le comte de Vermandois. On a voulu aussi que ce prisonnier fût le surintendant Fouquet. Saint-Foix a prétendu qu'il était le duc de Mont-mouth, fils naturel de Charles II, roi d'Anglerre, décapité en plein jour, à Londres, en 1685. Les deux opinions les plus vraisemblables, et fondées aussi sur des conjectures, c'est que cet illustre inconnu était un frère jumeau de Louis XIV, ou son frère aîné , mais non avoué, parce qu'il aurait été le fruit de la faiblesse de la reine Anne d'Autriche.

Quoiqu'il en soit, disons que cet infortuné paya bien cher son illustre naissance, et que la politique ne saurait justifier aux yeux de l'humanité le séquestre atroce auquel elle condamna ses jours : mieux eût valu cent fois qu'on le privât de la vie au moment de sa naissance, que de lui faire passer son existence sous les plus inflexibles verroux. Ne pouvait-on d'ailleurs le faire élever en pays étranger, sous un nom emprunté, et faire disparaître tous les vestiges de sa véritable origine ? La raison d'état eût alors été satisfaite, la justice et l'humanité n'auraient pas eu à se plaindre. Que l'on se représente cette intéressante victime, n'ayant d'autre société que son geôlier, privé des douces consolations de l'amitié, des tendres affections de famille, ne pouvant respirer qu'à travers des barreaux, qu'à travers un masque impénétrable à l'œil d'autrui ; dépouillé du bien le plus cher à l'homme, la liberté, et forcé de subir encore la dérision poignante du cérémonial usité pour les princes ; et alors on pourra se former quelque idée de la cruelle situation de cet illustre malheureux, et de l'insensibilité de ceux qui avaient pu condamner son innocence à un semblable supplice.

ACCUSATION D'INFANTICIDE.

Une femme nommée Chanas avait épousé le nommé Loreau : une fille était née de ce mariage. Peu de temps après, cette femme eut le malheur de perdre son mari, et demeura quelques années dans le même village avec sa fille. Elle y vivait tranquillement, sans songer à se remarier, lorsqu'un jeune homme vint lui demander sa main. L'idée d'un second mariage la révolta d'abord ; mais bientôt ennuyée de son isolement, et séduite par les soins et les prévenances du jeune homme qui lui faisait la cour, elle se familiarisa peu à peu avec cette idée.

Leur liaison devint plus intime, et elle eut pour la veuve Loreau des conséquences funestes, par suite de la trop grande confiance de cette malheureuse femme. Devenue enceinte, elle ouvrit, mais trop tard, les yeux sur le péril de sa situation. Elle communiqua ses alarmes à son amant. Celui-ci réitéra ses promesses, et prétexta seulement des arrangemens de famille pour différer le moment de les accomplir.

Assez crédule pour ajouter foi aux nouveaux sermens du jeune homme, et partagée entre la crainte d'éloigner un homme devenu le maître de son existence, ou de publier sa propre honte; partagée également entre l'espoir d'une union légitime qui devait jeter un voile sur ses égaremens, et le danger d'y apporter elle-même un obstacle par l'éclat d'une déclaration publique, la veuve Loreau s'abstint de remplir cette dernière formalité prescrite par l'édit de 1556.

Cependant, ayant eu lieu de reconnaître la perfidie de son amant, elle prit la résolution de se conformer à la loi, et de se transporter chez un officier public pour y faire la déclaration de sa grossesse; mais il lui fut impossible de remplir ses intentions; les symptômes d'un accouchement prochain l'en empêchèrent, et elle se vit exposée aux peines prononcées contre les femmes convaincues d'avoir enfreint l'édit de 1556. Seule, au milieu de la nuit, pendant que sa fille reposait auprès d'elle, elle ressentit les vives douleurs de l'enfantement. N'ayant ni la force de se soutenir, ni celle d'appeler du secours, elle donna le jour au malheureux fruit de sa faiblesse. Elle venait de l'ondoyer et de le mettre dans son lit, lorsqu'elle l'entendit pousser un soupir. Aussitôt elle s'approcha de lui en tremblant, et s'aperçut qu'il était mort.

Au milieu de son trouble, de son désespoir, elle reste anéantie. Que résoudre, que faire dans ce moment affreux? Elle voit à l'instant le malheur qui la menace; elle entend déjà la voix terrible de la prévention s'élever contre elle et l'accuser d'infanticide. La terreur s'empare d'elle; la honte de sa position, la crainte du châtiment de la justice la déterminent à cacher, à dérober la connaissance de son malheur; elle garde le silence sur son accouchement; elle attend la nuit suivante, et lorsque l'obscurité la plus profonde règne autour d'elle, elle entoure le petit cadavre de son enfant d'un linceul, et le dépose dans son grenier. Elle avait formé le projet de le transporter secrètement, aussitôt qu'elle pourrait sortir, dans le cimetière du lieu, et de l'y enterrer de ses mains.

Mais on prévint l'exécution de ce projet. La nouvelle de son accouchement ne tarda pas à se répandre. Un tribunal composé de quelques femmes, ayant à leur tête le procureur de la juridiction, se présente chez elle; on lui parle de son accouchement, elle le nie; elle est livrée à l'examen des matrones, dont le résultat dépose violemment contre elle; on monte au grenier, et l'on en rapporte, sous les yeux de la mère éplorée, le cadavre enveloppé d'un linge. Alors elle confesse sa faute; elle raconte avec ingénuité les circonstances de son malheur. Le juge se transporte chez elle, accompagné du procureur et d'un chirurgien dont les lumières et la probité lui sont connues. Le chirurgien fait son rapport; il examine la mère et le cadavre; il certifie que l'accouchement est récent, et que l'époque indiquée par la mère est certaine. Il atteste que le cadavre n'a reçu aucunes contusions qui aient pu lui donner la mort; qu'il ne porte aucun signe, aucune empreinte de violences; que sa mort ne peut être attribuée qu'au défaut de ligature du cordon ombilical, qui se trouve d'environ un pied de longueur, et d'où le sang qui donnait la vie à l'enfant s'est échappé; que cette mort enfin est un de ces événemens que le défaut de ligature du cordon ombilical ne cause que trop fréquemment.

Le juge, d'après l'assertion assermentée de la mère, qu'elle avait ondoyé son enfant, ordonna qu'il serait inhumé dans le cimetière de la paroisse. Mais en même temps on crut pouvoir considérer la veuve Loreau comme infanticide; on la mit donc entre les mains de la justice, quoiqu'il fût bien constaté que l'imprudence était tout son crime. On entendit des témoins sur le recèlement de sa grossesse; et les juges du bailliage de Saint-Marcellin, considérant son imprudence comme un crime capital, la déclarèrent convaincue de recèlement de grossesse sans déclaration préalable; d'avoir accouché d'un enfant que l'on avait trouvé dans un grenier, et qu'elle y avait caché; pour la réparation de quoi, ils la condamnèrent à être pendue.

La veuve Loreau appela de cette sentence au parlement de Grenoble. Elle espérait que les magistrats qui devaient prononcer sur son sort reconnaîtraient une différence immense entre une faute et un crime, et qu'ils mettraient au néant la rigoureuse sentence prononcée contre elle par les premiers juges. Elle conjurait la cour de réformer un jugement qui offensait la nature qu'elle n'avait point offensée, de briser les fers qui l'enchaînaient, et de la rendre à sa jeune fille, qui avait besoin de ses secours pour subsister.

Le parlement de Grenoble ne rendit point un arrêt tout-à-fait conforme aux vœux de la pauvre veuve; tout en la considérant comme moins coupable qu'elle ne l'avait paru aux yeux des premiers juges, ils ne la trouvèrent point exempte de crime. En effet, s'il n'était pas prouvé qu'elle eût commis un infanticide, il était bien constant qu'elle avait voulu dérober la mort de son enfant à la connaissance du public. Sa conduite offrait des indices et des présomptions qui ternissaient son innocence. Elle ne s'était point d'ailleurs con-

formée à l'édit de 1556 Le parlement de
Grenoble la condamna à une amende de dix
livres envers le roi, et au bannissement pendant dix ans hors de son ressort.

MADAME DE SASSY

ACCUSÉE DU MEURTRE DE SON MARI.

La dame Gaudon, veuve du marquis de
Ris, connut et aima le marquis de Sassy, colonel d'un régiment d'infanterie. Celui-ci,
quoique beaucoup plus jeune qu'elle, répondit à sa passion, et demanda sa main. Mais
la sœur de M. de Sassy, qui avait épousé
M. de Villiers, conseiller au parlement, mit
opposition à ce mariage. Après deux années
de procédure, le marquis eut gain de cause,
et le mariage fut conclu. Cette union, on le
croira facilement, rendit les deux belles-sœurs
ennemies jurées.

Madame de Sassy élevait depuis plusieurs
années un enfant qu'on appelait *Mignon*, et

pour qui elle avait tous les soins de la tendresse maternelle. Étant dans la paroisse de
Saint-Irmond en Bourbonnais, et ayant trouvé
cet enfant qui était allaité par une chèvre
d'emprunt, parce que la mère malade ne pouvait le nourrir, et que la pauvreté de son père
ne lui permettait pas d'avoir de nourrice, elle
avait été touchée de ce spectacle, et, avec l'assentiment des parens, avait emmené cette
petite créature. C'était un très-bel enfant.

Le marquis avait vendu son régiment ; mais
la vie casanière n'était pas de son goût ; il s'en
repentit, et chercha l'occasion de reprendre
du service. Il accompagna le roi d'Espagne à
Naples. Il fit ensuite plusieurs autres voyages,
et passa à l'armée d'Italie comme aide-de-camp
du maréchal de Marsin. Il se trouvait, en 1702,
à la bataille de Luzara, où madame de Sassy
perdit le fils unique qu'elle avait eu du marquis de Ris.

La campagne terminée, il se rendit à Venise, où il prit à son service un Grec nommé
Alexandre, et n'ayant pu entrer au service de
la république, il revint à Paris avec son Grec.

Mais son imagination inquiète ne lui permit pas de rester long-temps tranquille habi-

tant de Paris. Il se mit en tête qu'on le soupçonnait à la cour d'un crime d'état, et qu'il
était menacé d'être arrêté; il se figurait qu'on
avait malignement interprété tous ses voyages;
et pour se mettre à l'abri de toutes recherches,
il résolut de s'éloigner de nouveau; et, sur la
fin de l'année 1704, il chargea sa femme d'a-
cheter secrètement, pour lui et pour son Grec,
plusieurs choses nécessaires en voyage. Puis
il partit, allant tantôt d'un côté, tantôt de
l'autre, revenant parfois sur ses pas, en un
mot, faisant mille détours pour dépister ceux
qui pouvaient être chargés de le surveiller.

M. de Villiers, son beau-frère et son ennemi, ayant été instruit de ces marches et
contremarches, en donna avis à la cour, et
fit ainsi naître des soupçons qui furent assez
forts pour faire arrêter la marquise de Sassy;
on l'enferma à la Bastille, et le scellé fut apposé sur tous ses papiers. Un autre beau-frère
de madame de Sassy, M. de Ransijac, ancien
exempt des gardes-du-corps, obtint que ceux
qui avaient donné des mémoires contre le
marquis se déclarassent ses parties.

Alors le marquis de Villiers rendit une
plainte, dans laquelle il énonça un complot

ourdi par la marquise pour se défaire de son mari; disant que depuis son premier voyage avec le Grec on n'en avait eu aucune nouvelle; que dans la maison de la marquise il y avait un enfant de quatre à cinq ans (Mignon), qui passait pour légitime, quoiqu'il fût bien certain qu'ils n'avaient jamais eu d'enfans.

Sur cette plainte, on décréta de prise de corps la marquise, et d'ajournement personnel, plusieurs personnes, hommes et femmes, liées avec elle. On la transféra de la Bastille au Châtelet, dans un cachot où elle fut interrogée par le liéutenant-criminel. On fit l'inventaire de ses papiers; on ne trouva aucun coupable dans les personnes assignées à comparaître; ils furent tous mis hors de cour.

Il paraît que ce procès de complot était fondé sur un équivoque de mots contenus dans une déposition. La Gasteau, femme de chambre de la marquise, avait déposé qu'en bassinant le lit de sa maîtresse, elle l'avait entendue dire à la demoiselle Chamboneau qu'elle se proposait de se défaire de son mari par l'entremise du Grec. Elle déposa depuis, à la confrontation, qu'elle ne savait pas si la marquise voulait se défaire de son mari en le faisant voyager ou par la voie de l'assassinat.

Ce qui augmentait l'embarras de madame de Sassy, c'est qu'elle ignorait absolument le point de l'univers où se trouvait son mari. Cependant le Châtelet rendit une sentence, du 20 mars 1706, par laquelle le sieur de Villiers était condamné aux dommages intérêts et aux dépens.

Cette condamnation ne lui donna que plus d'acharnement; il se proposait d'appeler. Mais ayant entendu dire que le prétendu assassin de son beau-frère était dans l'île de Jersay, il y envoya un affidé qui, au lieu de l'assassin , y trouva M. de Sassy lui-même. Le gouverneur de l'île manda cette circonstance à la marquise, et lui annonça qu'il retenait l'envoyé de M. de Villiers et son mari, jusqu'à ce que la cour eût décidé leur rappel. Madame de Sassy était sortie de prison. A cette nouvelle, elle commença par solliciter le rappel de son mari; elle l'obtint, et se mit en route pour aller au-devant de lui; mais en arrivant à Saint-Malo, elle sut que M. de Villiers, toujours plus animé que jamais , y avait envoyé un exprès, qui avait requis que M. de Sassy fût soumis à un interrogatoire. Le lieutenant-général s'était présenté, l'épée au côté, pour l'interroger au moment de son débarquement. En effet, le marquis subit un interrogatoire en arrivant; mais cet appareil ébranla son cerveau déjà fort affaibli, et madame de Sassy eut beaucoup de peine à le rassurer. Elle interjeta appel de cette nouvelle procédure, comme entachée d'incompétence, et ramena à Paris le marquis de Sassy: là, elle fit tous ses efforts pour ramener le calme dans son esprit. Jamais elle ne put y parvenir, et l'impitoyable de Villiers obtint de le faire interdire et enfermer à Charenton.

L'arrêt du parlement, rendu en 1706, pour la conclusion de cette affaire, confirma la sentence du Châtelet, en infirmant seulement les dommages et intérêts, attendu que Mignon était regardé comme un enfant adopté.

M. de Sacy, avocat de la marquise, prouva que la calomnie horrible dont M. de Villiers avait chargé la dame de Sassy était suggérée par la haine, préparée par l'imposture, concertée par la malignité, qu'elle avait été consommée par l'opiniâtreté, et que les suites de cette calomnie avaient troublé pour la vie le repos de la marquise et de son époux. « Il y va du repos de tous les gens de bien, dit-il en terminant son plaidoyer, qu'une si cruelle et si dangereuse entreprise soit réprimée par un exemple propre à faire trembler ceux qui pourraient l'imiter. »

PARRICIDE COMMIS PAR DEUX FILS,

AIDÉS DE LEUR MÈRE.

Le parricide est un crime si anti-naturel, que les législateurs de l'antiquité, le regardant comme impossible, n'avaient pas voulu le comprendre dans les cas prévus par les lois. A Rome, il fut ignoré pendant six cents ans; mais depuis, trop d'exemples ont prouvé que la méchanceté de l'homme était capable d'enfanter les attentats les plus énormes, que rien ne pouvait lui servir de frein. Le fait suivant est de nature à fortifier cette assertion.

François D*** de S***, d'une noble et ancienne famille du Languedoc, capitaine de la galère *la Réale*, épousa, à l'âge de quarante ans, une jeune personne de dix-huit ans, Anne de S***, dont les parens étaient établis à Marseille. Par suite de la différence d'âge et de caractère, cette union ne fut pas heureuse. Néanmoins, les deux époux eurent onze enfans, dont il leur resta cinq garçons et deux filles qui furent religieuses.

La mère, au lieu d'inspirer à ses enfans du respect pour leur père, les associait à la haine qu'elle lui portait, et travaillait sans cesse à effacer de leur cœur les sentimens affectueux de la piété filiale. Le parricide fut le fruit de ses leçons.

En 1709, le père, qui n'avait que ses appointemens pour subsister, se retira à une bastide qu'il possédait près de Marseille dans la paroisse de Saint-Barnabé. Le personnel de sa petite habitation se composait de sa femme, de trois de ses fils, Jean-Baptiste, François-Guillaume, Louis-César, d'un Turc qui lui servait de domestique, et de Suzanne Borelli, servante. Antoine, l'aîné de ses fils, sujet d'une belle espérance, était enseigne dans la marine, et Etienne Gayetan, le quatrième, avait une sous-lieutenance d'infanterie.

Les trois années que ce malheureux père

de famille passa dans cette bastide furent une querelle perpétuelle.

Le 16 octobre 1712, jour de la fête de la paroisse de Saint-Barnabé, le sieur de S*** dîna avec sa famille dans sa bastide. Le repas se passa même assez paisiblement. Jean-Baptiste devait dîner ce jour-là avec le sieur Senclou, curé de Saint-Barnabé, dont il avait épousé la nièce sans le consentement de son père, qui lui avait pardonné cette union depuis quelque temps, et qui ce jour-là même se faisait une joie de le retenir à dîner. Il ne pressentait pas qu'il gardait près de lui un de ses meurtriers.

Après le dîner, François-Guillaume demanda à son père de l'argent pour aller se divertir à la fête. Celui-ci n'était pas dans l'usage de donner de l'argent à ses enfans; la mère s'était réservé ce soin, comme moyen de les capter davantage. Cependant il présenta à son fils une pièce de cinq sous. Une somme si modique fit murmurer François-Guillaume; son père lui en offrit une de dix qui ne le satisfit pas davantage; même il s'emporta jusqu'aux plus grossières invectives. La mère, sortant alors d'un cabinet voisin, embrassa la querelle de son fils, et mêla ses reproches à ceux qu'il adressait à son père. Le jeune homme, se voyant soutenu, ne connut plus de mesure, il descendit le degré, se tint sur le seuil de la porte, et mit l'épée à la main, menaçant son père de le tuer.

Le sieur de S***, indigné d'une pareille audace, appelle son Turc, et lui ordonne de seller son cheval à l'instant, parce que, dit-il, il veut aller à Marseille porter plainte contre ses enfans, Jean-Baptiste témoignant qu'il voulait aussi soutenir son frère. Alors la mère, pâle de fureur, se tournant vers ses fils, leur dit en élevant la voix : « Si vous le laissez aller faire sa plainte, vous êtes perdus! » Puis passant derrière son mari, et le tirant par les cheveux de toute sa force, elle le terrassa, et le saisit aussitôt par les parties naturelles. A ce signal, Jean-Baptiste, transformé tout-à-coup en une bête féroce, s'élança sur son père, manifestant l'horrible intention de le mutiler. La victime, en proie aux plus vives douleurs, lui dit d'une voix mourante entrecoupée de sanglots : « Que t'ai-je fait, mon fils, pour me traiter de la sorte? Comment regardes-tu ton père comme le plus grand de tous tes ennemis? Si je ne suis plus ton père, je suis au moins un homme comme toi... Je n'ai recours qu'à ton humanité... Ma vieillesse seule ne doit-elle pas désarmer ta colère? Faut-il que ma femme et mes enfans unissent toute leur fureur contre moi?... »

Ces paroles touchantes semblaient irriter ces monstres encore davantage. Jean-Baptiste prit son père par la gorge pour l'étouffer, tandis que François-Guillaume, lui portant un coup d'épée à la tempe, lui fit une blessure dont le sang jaillit aussitôt. Alors Jean-Baptiste et sa mère, appliquant leurs genoux sur la poitrine du vieillard, l'étoufferent. Pendant cette scène exécrable, Louis-César, le plus jeune des enfans, âgé seulement de treize ans, fondait en larmes dans un coin de la chambre, et le Turc, interdit, épouvanté, ne savait quel parti prendre.

Le crime ne fut pas plus tôt consommé qu'il fallut songer à le cacher. La mère donna un écu à François-Guillaume pour qu'il allât s'amuser à la fête. Jean-Baptiste et le Turc portèrent le corps à la chambre la plus haute de la bastide. Puis madame de S*** envoya le jeune Louis-César chercher le curé de la pa-

roisse; elle jugea qu'elle ne devait rien redou-
ter de ce prétre à cause de l'alliance qu'il avait
contractée avec Jean-Baptiste en lui donnant
la main de sa nièce.

Quand le curé fut arrivé, la mère se hâta
de lui dire que Jean-Baptiste et François-Guil-
làume venaient de tuer leur père, et lui demanda conseil. Frappé d'étonnement, le curé
se récria sur l'énormité du crime : toutefois
il conseilla de mettre le corps dans le lit, et
de dire qu'il était mort subitement. « On ne
réussira point, reprit la mère, à cacher le
crime ainsi, parce que le corps a les parties
naturelles froissées et rompues. — Eh bien!
répliqua soudainement le curé, il faut que
vous jetiez le corps par la fenêtre, et que
vous fassiez croire que M. de S*** est tombé
tout seul, parce que la tête lui aura tourné en
voulant accrocher une cage en dehors : ayez
le soin aussi de lui passer la cage dans le
doigt. » On résolut de suivre ce conseil : Jean-
Baptiste alla jeter le corps par la fenêtre; la
mère saigna une poule dans l'endroit où il
tomba : puis elle se mit à s'arracher les cheveux, à jeter les hauts cris; les voisins accoururent; on leur apprit, avec des torrens

de larmes, la chute de M. de S*** et sa mort. Bientôt, sur l'ordre du lieutenant-criminel, arrivent des chirurgiens pour faire leur rapport sur l'état du cadavre. Prévenus que M. de S*** était mort d'une chute, ils examinèrent si légèrement, qu'ils ne remarquèrent aucune trace de la vérité. Ainsi ce crime horrible demeura caché.

Cependant la veuve, qui n'avait eu jusque là que les appointemens de son mari pour subsister, s'en trouva privée par sa mort, et ne tarda pas à sentir les horreurs de la misère. On fut obligé d'avoir recours au comte de S***, frère du défunt, qui obtint, par son crédit, une pension de six cents livres au profit de la mère et des enfans. Cette pension fut entre eux une pomme de discorde qui produisit la révélation du crime et sa punition. La mère voulait disposer seule de cette pension ; mais ayant rencontré quelque obstacle de la part de ses enfans, elle les quitta, et alla se fixer à Aix. François-Guillaume et Étienne Gayetan s'établirent dans la bastide ; Jean-Baptiste et Louis-César allèrent loger à Marseille.

Alors Étienne Gayetan projeta de se rendre maître de la pension, pour pouvoir la distribuer avec économie ; mais Jean-Baptiste ne voulut point y consentir. Gayetan le menaça de révéler le crime. Dès lors la mauvaise intelligence éclata entre les deux frères. Pour parvenir à son but, Étienne Gayetan imagina un stratagème : il écrivit au marquis de Montolieu, ancien ami de son père, et lui fit dans sa lettre l'affreuse relation du parricide. Louis César l'étant venu voir, il lui fit lire cette lettre, et même la lui laissa emporter pour qu'il la montrât à Jean-Baptiste, qu'il espérait par ce moyen amener à l'arrangement qu'il avait projeté. Jean-Baptiste, pour le combattre avec les mêmes armes, le prévint, en adressant une semblable lettre au marquis de Montolieu, dans laquelle il accusait sa mère et François-Guillaume d'être les seuls auteurs du meurtre. La mère, instruite de la division qui régnait entre ses enfans, écrivit de son côté au comte de S*** son beau-frère, chargeant Jean-Baptiste seul de l'atroce parricide, mais le comte lui renvoya sa lettre, en lui mandant de la brûler.

La lettre de Jean-Baptiste au marquis de Montolieu eut une destinée bien différente. Le marquis, révolté du crime qu'on lui révélait, conçut le dessein d'obtenir , sous quelque prétexte, une lettre de cachet pour faire sortir du royaume tous ces infâmes. Il en écrivit au marquis de Cavoye; mais le comte de S***, oncle des coupables, avec qui on en conféra, sentant que le roi voudrait connaître les motifs de la lettre de cachet sollicitée, écrivit au marquis de Montolieu pour le détourner de son projet, et persuada au comte de Cavoye qu'il fallait brûler la lettre du marquis de Montolieu.

Mais cette fatale lettre, qui contenait toutes les circonstances de l'assassinat , se mêla, par inadvertance, parmi d'autres papiers d'affaires que M. de Cavoye remit au chancelier Pontchartrain. Celui-ci, accablé d'affaires, en différa la lecture jusqu'au lendemain. Cependant, en les parcourant, la lettre accusatrice lui tomba dans les mains. L'horreur qu'elle lui inspira fut telle qu'il la porta sur-le-champ au roi. M. de Cavoye, qui s'était aperçu trop tard de sa méprise , voulut le lendemain réclamer cette lettre au chancelier ; il n'était plus temps.

Le parlement de Provence reçut, de la part du roi, l'ordre de faire arrêter tous les

coupables, et de rendre bonne et briève justice. Tous furent conduits dans la prison de
Marseille.

L'instruction commença. Le Turc fut d'a-
bord entendu comme témoin. Sa première
déposition fut que son maître était mort de
sa chute par la fenêtre. On l'arrêta comme
faux témoin, et pour le forcer d'avouer la
vérité on le mit dans un étroit cachot. Enfin
il accusa la mère, François-Guillaume, et
faiblement Jean-Baptiste. Cinq mois après,
ayant demandé à parler, il déchargea la mère
et François-Guillaume, et chargea Jean-Baptiste seul.

Plusieurs témoins vinrent révéler que la
dame de S*** avait voulu empoisonner son
mari avec quelque poison lent qui le réduisît
au lit, et qui l'empêchât de troubler son ménage. Jean-Baptiste, interrogé sur le fait du poison, avoua que sa mère l'avait envoyé plusieurs fois chez le chirurgien de la maison pour
acheter des drogues vénéneuses. Le chirurgien
assigné avoua le fait, mais il affirma qu'il avait
été sourd à toutes les demandes de ce genre.

Jean-Baptiste, confronté avec sa mère, ne
lui adressa d'abord aucun reproche ; mais

quand il eut entendu la déposition qu'elle avait faite contre lui : « Quoi ! ma mère, lui dit-il, pouvez-vous en conscience m'inculper de la sorte, et me faire le seul auteur d'un crime dont je suis le moins coupable ? N'est-ce pas mon frère François qui a mis l'épée à la main contre mon père ? N'est-ce pas vous qui, sortie du cabinet, au bruit de la querelle, l'avez pris par les cheveux, et lui avez porté la main dans un endroit que vous deviez respecter ? N'est-ce pas vous qui l'avez traîné violemment jusqu'à l'étouffer ?... »

Enfin la suite des interrogatoires et des confrontations dissipa tous les nuages qui enveloppaient la vérité. L'aveu même de l'attentat sortit de la bouche des coupables.

La sentence fut prononcée le 10 février 1714, par le tribunal de Marseille.

Ce premier arrêt condamnait Jean-Baptiste à être tenaillé, à avoir les deux poings coupés, à être rompu vif et brûlé ; François-Guillaume à avoir le poing coupé, et, du reste, comme son frère Jean-Baptiste ; Louis-César à être témoin des exécutions, et banni à perpétuité ; la mère à avoir la tête tranchée, et le Turc à être fouetté.

Les condamnés, en ayant appelé au parlement d'Aix, furent transférés dans cette ville. Le 18 avril, l'arrêt du parlement confirma, à peu de chose près, la sentence des premiers juges, excepté à l'égard de Louis-César, qui fut mis hors de cour. Quant au Turc, il fut condamné à assister aux exécutions, et à être pendu deux heures par les aisselles ; quoiqu'il n'eût point trempé dans le meurtre, on jugea qu'il fallait punir un domestique qui était resté spectateur immobile de l'assassinat de son maître.

Les condamnés donnèrent des marques touchantes d'un profond repentir, et subirent leur arrêt avec une résignation toute chrétienne.

M. de Pontchartrain obtint du roi, en faveur des enfans innocens, une pension de cent cinquante livres, et deux cents livres pour Antoine, qui, malgré son mérite personnel, fut cependant obligé de quitter le corps de la marine, par suite de cette inique solidarité que le public fait peser sur tous les membres d'une famille, et qui est encore un de nos plus funestes préjugés.

LE NOUVEAU LÉGATAIRE UNIVERSEL.

Le célèbre Regnard avait calqué l'un de ses chefs-d'œuvre de comique gaîté sur un fait d'insigne friponnerie avec lequel celui que nous allons raconter peut soutenir la comparaison.

Françoise Fontaine, veuve d'André Forest, marchand à Bordeaux, était une femme d'un esprit faible et facile à gouverner; aussi était-elle toujours circonvenue par une foule d'intrigans qui captaient sa confiance, et finissaient par lui faire faire tout ce qu'ils voulaient. On pense bien que cette femme était la dupe de tous ces fripons qui s'entendaient entre eux pour la dépouiller.

Lancelain, solliciteur de procès, commença la scène, en lui extorquant des donations; après lui, vinrent Brac et la Gouache, qui lui surprirent plusieurs promesses; puis parut le nommé Quiersac, qui, après l'avoir engagée à venir demeurer dans une maison voisine de là sienne, l'amena à faire une donation en faveur de San Pierre d'Arena, Génois. La dame Françoise Fontaine était alors âgée de quatre-vingt-deux ans. Ces deux escrocs avaient stipulé ensemble que le Génois céderait à Quiersac le tiers des biens donnés. Cette donation enveloppait tous les biens de la donatrice, à la charge par le donataire de lui payer une pension viagère de mille deux cents livres. Cette pension devait ensuite retourner à Quiersac. Celui-ci, cependant, ne fut pas satisfait de cet arrangement; il préféra un testament comme chose plus sûre. En conséquence, il décida la dame Fontaine à prendre des lettres de rescision contre la donation faite au sieur d'Arena. Les lettres furent entérinées, et la donation annulée par sentence du Châtelet.

San Pierre d'Arena se rendit appelant de cette sentence; mais ensuite il jugea moins chanceux de transiger avec Quiersac, et de lui assurer par un billet le tiers des biens et la pension de mille deux cents livres, après le décès de la veuve.

Quiersac ne perdait cependant pas de vue le testament qu'il avait dessein de faire signer à la veuve Fontaine ; mais la mort de cette bonne femme vint déranger son projet. Néanmoins il ne se rebuta pas ; car il imagina de cacher sa mort, et de mettre dans son lit une femme qui contreferait la malade.

Ici commence la scène comique jouée par nos fripons. Quiersac gagna, par des promesses d'argent, la nommée Rainteau, femme d'un cocher, et un procureur, nommé Ranquinot. Ayant appris, sur ces entrefaites, que le sieur Verron de Lisle était créancier de la veuve pour une somme de deux mille quatre cents livres, dont il n'avait pas de reconnaissance, nos fourbes allèrent le trouver pour lui dire que la dame Fontaine avait résolu de faire son testament ; qu'ils présumaient qu'elle y rappellerait sa dette, mais qu'il était cependant à propos de prévenir sur ce point le notaire.

Le notaire choisi pour présider à la scène importante fut maître Mahan, chez qui le plan du testament fut dressé, de manière que la malade supposée n'avait que oui à dire, ce qui était un rôle très-facile.

Le notaire crédule, procédant de bonne foi, amène un confrère. La femme Rainteau, affublée en malade, la tête enfoncée dans le lit, le visage tourné vers la ruelle, répondait *oui*, d'une voix tremblante, à toutes les questions du notaire; elle confirma ainsi tous les articles; savoir : les legs pieux, ensuite celui de douze mille livres au profit de Quiersac. Le procureur Ranquinot, fut fait légataire universel. Elle se désista des lettres de rescision contre San Pierre d'Aréna; elle ajouta seulement un article où elle se faisait présent à elle-même, Guillemette Rainteau, d'une somme de trois mille livres. Un des notaires voulut la voir; mais, s'étant retournée un moment, elle déclara qu'elle ne pouvait signer, à cause d'un grand tremblement qu'elle avait dans les mains. Les notaires dressèrent procès-verbal de cet incident, et se retirèrent peu après.

Le procureur Ranquinot fit son billet à Quiersac, portant promesse de lui céder la moitié de son legs universel.

La dame Fontaine était morte du 12 au 13 mars 1727. L'exécution du plan de Quiersac exigea quatre jours, et ce ne fut qu'au bout de ce temps que le décès de cette femme fut déclaré. Ses obsèques eurent lieu le 16.

Un sieur de Lurienne, petit-neveu de la

défunte, et l'un de ses héritiers, ne reçut la nouvelle de sa mort que vers le mois de septembre, tant les héritiers frauduleux avaient pris soin de la cacher. Mais Lurienne ne pouvant quitter la province de Bretagne, où ses affaires le retenaient, envoya sa mère à Paris, avec sa procuration.

A son arrivée, la dame Lurienne découvrit tout le manége, et quand elle fut bien instruite de tous les détails, elle rendit plainte, et l'on fit une information sur laquelle Quiersac et sa concubine, le procureur Ranquinot et la Rainteau, furent décrétés de prise de corps. De ces quatre individus, la Rainteau seule fut prise : tous les autres s'évadèrent.

Lors de son interrogatoire, la Rainteau avoua tout; sur quoi le lieutenant-criminel rendit une sentence qui condamnait les quatre prévenus, dont trois absens, à faire amende honorable, la Rainteau et la prétendue femme Quiersac au bannissement de neuf ans, Ranquinot et Quiersac aux galères pour neuf ans; et tous quatre condamnés solidairement à deux mille livres envers l'héritier Lurienne.

Le parlement, par arrêt du 11 mai 1728, confirma la sentence du lieutenant-criminel.

LE SPECTRE,

OU LA FOURBERIE DÉCOUVERTE.

Long-temps les histoires de revenans ont trouvé des auditeurs crédules : telle est la faiblesse de l'esprit humain, qu'il se plaît à croire aux choses merveilleuses et surnaturelles. Heureusement la philosophie, en répandant les lumières, en invitant l'homme à faire usage de sa raison, a fait justice de ces erreurs comme de tant d'autres non moins funestes. On va voir, par le fait suivant, que même au dix-huitième siècle, époque si fatale à tant de préjugés honteux, les fripons savaient encore exploiter ces vieilles croyances d'esprits, de spectres et de fantômes, et duper non seulement des gens grossiers et dépourvus d'instruction, mais encore des magistrats, organes de la justice.

Honoré Mirabel, jeune paysan de Pertuye, servait, comme valet, dans la bastide de Gay,

aux environs de Marseille. Il paraissait fatigué
de sa condition laborieuse et pénible, et s'occupait souvent de la recherche des moyens
propres à l'améliorer.

Il vient trouver un jour un magasinier de
Marseille, nommé Auquier, qui, comme lui,
était du Pertuye; il veut le consulter, dit-il,
sur une affaire qui l'intéresse beaucoup. Auquier lui prête la plus grande attention, ne
se doutant guère du récit qu'il allait entendre.

Alors Mirabel lui raconte qu'étant couché,
dans le mois de mai, à onze heures du soir,
sous un amandier de la bastide de la demoiselle Gay, il vit, au clair de la lune, un homme
à la fenêtre d'une bastide voisine qui était in-
habitée. Mirabel, surpris à la vue de cet inconnu, dans ce lieu et à cette heure, lui adresse
la parole pour lui demander ce qu'il fait là.
Mais point de réponse de la part de l'homme.
Mirabel, piqué, veut approfondir le mystère :
la porte de la bastide est ouverte; il entre, monte
l'escalier; mais, après avoir cherché de tous
côtés, il ne trouve personne. Il ne doute plus
alors que l'homme qu'il vient de ne voir soit
un revenant; la frayeur s'empare de lui, il descend précipitamment les degrés, et fait quel-

ques pas vers un puits voisin pour étancher la soif que l'émotion lui avait causée. Mais à peine porte-t-il l'eau à ses lèvres, qu'il entend derrière lui une voix cassée, sombre et sépulcrale, qui, l'appelant par son nom de pays, lui disait : « Pertuysan, on a enterré ici un trésor ; tu n'as qu'à creuser, il sera à toi ; fais-moi dire des messes. » Puis, un instant après, Mirabel voit tomber une petite pierre dans un endroit qu'il suppose être le lieu où il faut creuser.

Étonné, émerveillé de la fortune qui lui arrive et qu'il désirait si ardemment, Mirabel va faire part de son bonheur inattendu au nommé Bernard, valet de la fermière de la bastide du Paret. Ils vont creuser ensemble à l'endroit désigné, en présence de la fermière. Ils trouvent un paquet de mauvais linge qui tinta très-clair sous un grand coup de pioche. Personne n'ose d'abord toucher à ce paquet mystérieux ; la crainte de la mort les retient. Mirabel s'avise de faire un croc avec une branche d'amandier pour retirer le paquet. Il le prend, le porte dans sa chambre, le trempe, à défaut de vinaigre, dans un vaisseau plein de vin, l'ouvre, et croit n'avoir pas assez d'yeux pour contempler l'or qu'il contient. Bernard et la fermière, revenus de leur premier effroi, et poussés par la curiosité, accourent; mais Mirabel, déjà défiant comme un propriétaire, les dépayse par quelques paroles vagues, et se délivre de leurs importunités.

Telle fut en substance la narration que Mirabel fit à Auquier, en lui demandant ce qu'il devait faire de son trésor. Celui-ci lui dit de se défier des voleurs, et l'engagea à lui confier sa nouvelle fortune, lui montrant, pour lui inspirer plus de confiance, une corbeille où il avait beaucoup d'espèces d'or et d'argent. Mirabel accepta la proposition. Il fut convenu qu'il remettrait son trésor à Auquier. Au jour arrêté, Mirabel vint remettre à son dépositaire deux petits sacs, l'un noué avec un ruban de fil couleur d'or, l'autre avec un cordon de fil, et reçut en échange une reconnaissance de la somme de vingt mille livres, payable à volonté.

Quelque temps après, il arriva que Mirabel allant retirer ses hardes de la bastide, car il avait quitté le service depuis qu'il était riche, fut attaqué sur la route par un homme d'une taille gigantesque qui lui donna brusquement un coup de couteau dont sa veste et sa chemise furent percées.

Le paysan crut deviner l'auteur de cet assassinat, il ouvrit les yeux sur le danger qu'il courait ; Auquier attentait évidemment à ses jours pour rester possesseur du trésor qui lui était confié. Pour se mettre à l'abri de semblables tentatives, il se présenta chez lui, réclamant ses deux sacs ou le paiement de la reconnaissance.

Mais Auquier nia le dépôt et le billet. Sur ce, le paysan se pourvut en justice, et rendit plainte. Le juge permit d'informer, se transporta chez Auquier, fit perquisition, et ne trouva rien, sinon une petite corbeille d'osier dont Mirabel avait fait mention dans sa plainte, et un petit ruban de fil couleur d'or. Auquier, interrogé, dit que Mirabel lui avait confié qu'il avait trouvé un trésor et promis de le lui remettre, mais il dénia tous les autres faits énoncés par le plaignant. Sur ces indices, le juge fit faire l'information, et décréta Auquier d'ajournement personnel. On entendit quelques témoins favorables à Mirabel. Les experts ayant examiné la reconnaissance produite par ce dernier, la trouvèrent contrefaite : mais le ruban du sac qui avait été mis au greffe se trouva précisément pareil à celui qui était à la jupe de la petite fille d'Auquier, et que l'on avait trouvé lors de la perquisition.

Le procès suivit son cours, et le lieutenant-criminel condamna Auquier à la question. Celui-ci appelle de cette sentence au parlement d'Aix. De nouveaux témoins sont assignés. On entend Bernard, le valet de ferme, qui avait aidé Mirabel à déterrer le trésor. Il dépose qu'ils n'avaient rien trouvé, et qu'à quelque temps de là, Mirabel lui avait montré un papier qu'il disait avoir payé un écu.

Ce papier se trouva être la prétendue reconnaissance de vingt mille livres. Cette découverte mit sur la voie de la fourberie.

L'histoire du revenant, du trésor trouvé, de la reconnaissance d'Auquier, de l'assassinat commis par ce dernier sur la personne de Mirabel, avait été ourdie par Étienne Barthélemy, ennemi déclaré d'Auquier, et intime ami de Mirabel, dont il avait égaré l'ignorance et la simplicité.

Toute cette fourberie fut révélée par Mirabel dans les angoisses de la question. Auquier

fut mis hors de cour, et les galères perpétuelles furent le partage de son accusateur et de
l'intrigant qui l'avait suscité. Deux faux témoins avaient été condamnés à être pendus
par les aisselles.

Telle fut l'issue de cette cause de spectre,
où, par l'incroyable crédulité du premier juge,
l'innocence faillit succomber sous le poids de
la plus grossière calomnie. Le jugement fut
rendu en 1729.

LE PÈRE GIRARD,

ACCUSÉ D'ENCHANTEMENT ET DE SORTILÉGE PAR LA CADIÈRE.

S'il paraît presque incroyable que des juges,
un parlement tout entier, aient pu, au dix-
huitième siècle, prendre au sérieux des accusations de magie, du moins il semblera consolant pour l'humanité de voir la majorité
d'un tribunal absoudre l'accusé. A l'époque

des Gaufridy et des Grandier, la crédulité universelle ne laissait jamais une pareille chance de salut.

Le jésuite Girard, né à Dôle, grand prédicateur et fameux directeur, fut envoyé d'Aix à Toulon, en 1728, pour y exercer les fonctions de recteur du séminaire de la marine. Il était alors âgé de cinquante ans.

Précédé d'une grande réputation de talent et de sainteté, les pénitentes vinrent à lui en grand nombre. L'une d'elles, Marie-Catherine Cadière, fille de dix-huit ans, d'une famille honnête, née avec un cœur sensible, entêtée d'ailleurs de se faire une réputation de vertu, et ayant l'imagination égarée par la lecture des livres ascétiques les plus remplis d'une fausse spiritualité, s'est acquis une sorte de célébrité par le procès dont le père Girard faillit être la victime.

Pour motiver puissamment son changement de confesseur, elle débita partout, d'un ton d'inspirée, qu'ayant rencontré le père Girard par hasard en son chemin, elle avait entendu la voix de Jésus-Christ, qui lui dit : *ecce homo*, voilà l'homme qu'il vous faut. La pénitente, échauffée par le plaisir d'avoir un directeur qui devait la prôner partout, eut des extases et des visions. Elle passa le carême de l'année 1730 sans prendre presque aucune nourriture. Ce jeûne lui procura de fréquentes extases, pendant lesquelles elle prétendait entendre des voix venant du ciel. A la fin du carême, elle était si faible qu'elle ne pouvait plus sortir de son lit. Le vendredi saint, on la trouva le visage couvert de sang, et elle assura qu'il provenait de stigmates qu'un ange lui avait faites près du cœur pendant son sommeil. Son directeur eut l'imprudence de s'enfermer avec elle dans le dessein de voir ce prétendu miracle : il le vit, et s'apercevant qu'il y avait de la supercherie dans la conduite de sa pénitente, il chercha à s'en débarrasser. La Cadière, piquée, choisit un autre directeur. Elle s'adressa au père Nicolas, prieur des carmes déchaussés, janséniste déclaré, et par conséquent ennemi des jésuites. Ce nouveau confesseur n'avait que trente-huit ans. Il engagea sa pénitente à faire une déposition dans laquelle elle déclara que le père Girard, après avoir abusé d'elle, avait commis un inceste spirituel; et, comme par cette déclaration, elle aurait été aussi coupable que lui, elle l'accusa d'enchantement et de sortilége. Les deux frères de la Cadière, l'un simple prêtre et l'autre religieux jacobin, contribuèrent à propager ces bruits injurieux sur le compte du père Girard.

Pour inspirer encore plus de confiance, la Cadière avait à volonté des convulsions en public. L'évêque de Toulon envoya son grand-vicaire pour interroger cette fille. La Cadiere étala sa honte aux yeux du monde, pour l'unique plaisir de se venger de ce que son directeur n'avait pas été dupe de ses jongleries. Elle déclara que le père Girard avait soufflé sur elle, et que ce souffle avait produit dans tous ses sens un dérangement singulier et en même temps une violente passion pour cet ecclésiastique; qu'ensuite il l'avait engagée, sous des prétextes de religion, à accepter l'état d'absession qui lui faisait apparaître toutes sortes de visions impures. Nous jetterons un voile sur le reste de la déclaration de la Cadiere, qui contient des détails dégoûtans de lubricité et de sottise.

Cette affaire, portée au parlement d'Aix, mit la combustion dans les familles. Enfin,

après des cabales, des querelles, des satires,
des chansons et des injures sans nombre, le
parlement déchargea le père Girard des accusations intentées contre lui, à la majorité d'une
seule voix, puisque sur vingt-cinq juges, douze
le condamnèrent à être brûlé vif. La Cadière,
mise hors de cour et de procès, fut condamnée, par un arrêt prononcé le 16. décembre 1731, aux dépens faits devant le lieutenant de Toulon. Elle fut renvoyée à sa mère,
avec invitation de surveiller sa conduite de
plus près. L'entêtement et la prévention des
deux factions religieuses, intéressées dans
cette dispute, ont répandu un tel nuage sur
cette affaire, qu'on en raisonne encore diver-
sement aujourd'hui.

Quelques uns regardent le père Girard
comme un hypocrite voluptueux qui avait séduit la jeune Cadière; mais il avait alors plus
de cinquante ans : d'autres pensent que l'a-
mour n'était point sa faiblesse, mais bien plutôt l'ambition; et que ce fut ce qui le jeta
dans cette scène risible et funeste, en lui faisant croire trop facilement aux prétendus miracles de sa pénitente : miracles dont la gloire

rejaillissait sur le directeur. Ses supérieurs
l'envoyèrent à Dôle quand le procès fut ter-
miné ; il y devint recteur, et y mourut avec la
réputation d'un saint.

FRILLET,

OU LE CALOMNIATEUR PUNI.

Frillet, procureur-fiscal des terres de Tré-
fort et de Varambon, commissaire à terrier
et notaire, s'était enrichi par ses rapines et
ses exactions. Il était le tyran des pauvres
gens qui se trouvaient sous sa domination.

La tuilerie de Joseph Vallet tenta sa cupidité. Il résolut de perdre cet homme pour
s'emparer de son bien. Deux assassinats passaient pour avoir été commis dans le pays,
l'un sur Antoine Dupleix, l'autre sur un paysan nommé Joseph Senos. Frillet conçut l'idée
odieuse d'en accuser les frères Vallet, et
trouva de faux témoins pour attester les faits.

Lors de la mort d'Antoine Dupleix, il y avait eu un procès où Vallet, qui avait été injustement accusé, s'était vu absoudre, attendu qu'il avait été prouvé que Dupleix était mort d'une pleurésie.

Le second crime dont Frillet voulut se servir contre les Vallet pour les dépouiller présentait plusieurs circonstances. En 1722, le fils aîné de Joseph Vallet avait été attaqué et volé par les frères Pin et un autre. Sur les informations, il n'y eut pas assez de preuves pour prononcer la condamnation. Un paysan, nommé Joseph Senos, caché, lors du vol, derrière un buisson, s'étant avisé de dire, après le jugement, dans un cabaret, que s'il avait été assigné il aurait fait une déposition qui aurait perdu les frères Pin ; l'un de ces deux frères, pour éviter une nouvelle poursuite, résolut de se défaire de Joseph Senos : il l'enivra, et lui donna un coup de serpe sur la tête ; Joseph Senos fit le mort, et son meurtrier, croyant qu'il l'était réellement, lui prit quarante écus, et se sauva dans le pays de Dombes, voisin de la Bresse, où il s'engagea dans le régiment de la Sarre. Joseph Senos, revenu à lui, pansa sa plaie de son mieux, et demeura deux jours enfermé seul chez lui ;. après quoi il disparut aussi, sans qu'on sût ce qu'il était devenu, ce qui confirma le bruit qu'il avait été assassiné, et que c'était Pin qui avait commis le crime.

Voilà les deux événemens sur lesquels Frillet voulait fonder son accusation contre les frères Vallet. Il employa six mois à suborner des témoins, et quand il eut tout préparé, il les produisit en justice, avec une plainte portant que Joseph Vallet avait assassiné Senos, qu'il l'avait ensuite enterré à l'embouchure du four de sa tuilerie, puis jeté quelque temps après dans le feu dudit four. Sur cette plainte, on informa : les faux témoins déposèrent; toute la famille Vallet fut décrétée; on arrêta le père, la mère et les deux fils, et on les conduisit aux prisons du château du pont d'Ains, où ils furent mis au cachot, par l'ordre de Frillet, les fers aux pieds et aux mains, et traités avec la plus grande cruauté. Ces infortunés ne surent que lors de l'interrogatoire qu'ils étaient accusés de l'assassinat de Senos ; Frillet fit revivre l'accusation du meurtre supposé de Dupleix, dont les Vallet avaient été déclarés innocens dix-neuf ans

auparavant. Pour parvenir à ses fins, il su-
borna le témoin qui alors avait déchargé
Vallet, et l'engagea à faire une déposition
toute contraire.

On arrêta aussi Antoine Pin, accusé, soldat dans le régiment de la Sarre, et il fut
conduit à la même prison. Celui-ci, gagné
également par Frillet, déposa, à l'égard du
meurtre de Dupleix, dans le sens du premier
témoin suborné, et eut l'audace inconcevable
de charger les Vallet de l'assassinat de Senos.

Le juge du pont d'Ains était dans les intérêts du procureur Frillet ; le 9 mai 1727, il
condamna les Vallet à la question ordinaire
et extraordinaire.

Le parlement de Dijon, devant qui l'affaire avait été portée, jugea par une sorte de
pressentiment qu'on ne pourrait découvrir la
vérité que par le plus coupable, qu'il imaginait être Antoine Pin. C'est pourquoi il ordonna que les Vallet et Pin seraient interrogés
séparément sur la sellette, et que ce dernier
serait en outre appliqué à la question.

Pendant les tortures de la question, Pin
persista à charger les Vallet de plus en plus ;
mais, par un de ces retours soudains que

l'homme ne saurait expliquer, à peine la question fut-elle achevée, que les remords de sa conscience firent en lui ce que la torture n'avait pu faire : il fit appeler le rapporteur, rétracta toute sa fausse déposition, déclara les Vallet innocens, et s'avoua seul coupable du meurtre de Senos.

Le lendemain, le parlement rendit un arrêt qui condamnait Pin à expirer sur la roue. Ce misérable, dans son testament de mort, persista dans sa dernière déclaration, et révéla encore d'autres faits importans : il dit que le geôlier des prisons l'avait toujours excité à charger les Vallet ; que le nommé Vaudan était un fripon qui avait reçu de l'argent de Frillet pour faire une fausse déposition, et que si on l'arrêtait on découvrirait bien des choses. Avant de subir son arrêt, il fit réparation publique aux Vallet, injustement accusés ; après quoi, il se remit aux mains des bourreaux, et supporta, avec une sorte de courage, sa douloureuse et lente agonie.

Sur les indices fournis par Pin, on arrêta le faux témoin Vaudan, qui, à l'exemple de ce malheureux supplicié, rétracta ses fausses dépositions, et déchargea entièrement les Val-

let. Il fut condamné à être pendu , et préalablement à la question.

Enfin Claude Maurice, autre faux témoin ,
ayant été interrogé, accusa le notaire et procureur-fiscal Frillet de l'avoir suborné par
toutes sortes de moyens, artifices, promesses
ou menaces. Maurice fut également condamné à la potence, et le même arrêt ordonna que Frillet fût conduit en prison. Aussitôt que celui-ci connut l'ordre qui le concernait il prit la fuite, et se sauva en Savoie.

Mais voici que tout-à-coup Senos, que l'on
croyait mort, reparaît dans la ville de Bourg.
Nouvelle preuve de l'innocence des Vallet,
qui présentent leur requête pour que Senos
soit interrogé. Aussitôt que Frillet, réfugié
en Savoie, fut instruit que Senos reparaissait,
il engagea le frère d'Antoine Pin à demander
au conseil d'état la réhabilitation de la mémoire de son frère. Le conseil évoqua à lui
tout le procès qui finit par le renvoi de Frillet pardevant le parlement de Dijon ; ce qui
fut exécuté.

Frillet subit plusieurs interrogatoires , fut
confronté avec un grand nombre de témoins,
qui le confondirent. Il fut prouvé que l'on

avait fabriqué de faux actes et de faux exploits, et suborné une foule de témoins pour
le compte de Frillet. Malgré toutes ces charges accablantes, il voulut encore se justifier,
mais son heure était enfin venue. Par arrêt
définitif du 7 août 1733, il fut condamné à
être pendu, à des dommages-intérêts et à la
confiscation.

Le peuple, qu'il avait vexé, tourmenté,
volé de mille manières, attendait son supplice avec la joie de la vengeance. Cette at-
tente fut trompée : le supplice fut changé par
le roi en un bannissement de dix ans hors la
province. Il fut obligé de payer les dommages-
intérêts, et mourut en chemin, comme il
partait pour exécuter son ban.

Remarquons, en finissant, comme cet acte
de clémence royale est immoral et inique.
Les faux témoins subornés par Frillet sont
roués ou pendus sans délai, sans pitié; et lui,
Frillet, qui les a subornés, lui qui a accusé des
innocens ; lui qui, par ses manœuvres crimi-
nelles a entraîné dans le crime un grand nombre
d'individus; lui enfin qui est la source de tous.
les crimes mentionnés plus haut, il est banni
pour dix ans. C'est là que l'on voit que la justice a quelquefois deux poids et deux mesures.

LA BELLE TONNELIÈRE.

Le sieur Parfait Devaux s'était lié, étant au collége de Navarre, avec les deux frères Garnier, qui étaient pensionnaires comme lui. On sait que ces sortes de liaisons, bien différentes de celles que l'on forme ensuite dans le monde, durent souvent aussi long-temps que la vie des individus qui les ont formées.

Devaux, après sa sortie du collége, continua à regarder les frères Garnier comme ses amis. Sa mère s'était remariée en secondes noces avec un sieur Duparc, et il était né de ce second lit deux fils, Nicolas et Claude Duparc, dont l'un devint dans la suite maître-d'hôtel de la ville de Paris, et l'autre officier de la reine. Ces deux enfans, en leur qualité de frères utérins du sieur Devaux, étaient ses uniques héritiers, chacun pour moitié de ses meubles et acquêts, et des propres maternels. Cinq collatéraux étaient appelés à la succession des propriétés paternelles.

L'un des frères Garnier s'étant marié, et sa

femme étant devenue enceinte, Devaux, qui les voyait fréquemment, leur disait, en plaisantant, que s'ils avaient une fille, il en ferait sa femme. Conformément aux désirs de Devaux, ce fut une fille qui vint au monde. Devaux prit l'habitude d'appeler cette enfant sa femme, et celle-ci, dès qu'elle put balbutier, l'appela son mari.

Telle fut l'origine de la liaison qui s'établit et dura entre Marie-Marguerite Garnier et le sieur Devaux jusqu'à la mort de ce dernier.

Devaux fit plusieurs voyages, et acheta ensuite des charges chez le roi et chez la reine; ce qui apportait quelque distraction à sa liaison avec la fille de Garnier.

Marie-Marguerite Garnier se maria avec Nicolas Durand, maître tonnelier. Elle était richement pourvue des agrémens de la taille et de la figure ; et ces avantages extérieurs étaient même assez remarquables pour qu'on la nommât dans Paris *la belle tonnelière*.

En 1737 ou 1738, Devaux prit le parti de vendre ses charges, et de jouir tranquillement de sa fortune à Paris. Dès lors la belle tonnelière et sa mère ne le quittèrent presque plus.

Elles se rendaient chez lui dès le matin, dînaient avec lui et lui faisaient société jusqu'au soir. On remarquait entre la jeune femme et lui une familiarité qui pouvait donner lieu de soupçonner qu'il existait entre eux autre chose qu'une simple amitié. Mais personne n'avait intérêt à éclaircir ce mystère ; et le mari, qui savait tout ce qui se passait, ne s'en plaignant aucunement, le monde n'avait rien à dire.

Quoi qu'il en soit, Devaux devint valétudinaire. Les assiduités de la jeune femme redoublèrent ; elle ne le quittait plus, ne souffrant pas que personne, autre qu'elle, lui administrât les remèdes qui lui étaient prescrits.

Ce fut dans ces circonstances qu'il fit un testament olographe, le 25 février 1740, par lequel il institua la jeune femme Durand sa légataire universelle. Cet acte attestait l'empire qu'elle exerçait sur l'esprit de Devaux, ou du moins l'affection aveugle qu'il avait pour elle. Non seulement le mari de la légataire n'avait point part aux libéralités du testateur, mais celui-ci ne voulut pas que l'autorité maritale s'étendît sur ses générosités. Il voulut qu'elles tourfiassent toutes à l'avantage de celle dont les charmes et la séduction les lui avaient inspirées , et qui en était l'unique objet.

Pour prévenir l'infidélité des héritiers, qui auraient pu facilement soustraire un testament olographe qui les dépouillait , il en fit déposer un double chez un notaire, et garda la première minute dans ses papiers. Il fit ensuite un codicile, par lequel, après avoir confirmé son testament , il faisait des legs à ses héritiers des deux branches ; mais à condition qu'ils consentiraient à l'exécution du testament; sans quoi, leurs legs étaient révoqués.

Malgré toutes ces précautions, la belle tonnelière n'était pas sans inquiétude sur sa qualité de légataire universelle. Un seul instant pouvait renverser des espérances qui ne pouvaient se réaliser que par la mort de son bienfaiteur. Elle songea donc à se procurer des avantages plus indépendans des caprices de la volonté. Le 15 décembre 1741, elle amena Devaux à lui faire une donation entre-vifs d'un contrat de douze cents livres de rente au principal de vingt-quatre mille livres. Il voulait, disait-il, dans ce contrat, donner à la donataire des marques de sa considération particuliere, et reconnaître, en elle, l'attachement singulier qu'il avait toujours eu pour sa famille. Il voulait aussi que cette donation fût à l'abri de toutes saisies de créanciers antérieurs et postérieurs, et qu'elle en disposât sans l'autorisation de son mari. Mais il faut remarquer qu'il s'en réservait l'usufruit sa vie durant; en sorte que la belle tonnelière, pour jouir, soit comme donataire, soit comme légataire, devait attendre le décès du sieur Devaux.

Cependant elle continua ses assiduités, et présida constamment aux soins qu'exigeait la santé de son bienfaiteur. Pendant ce temps, on écrivit à Devaux une lettre anonyme, par laquelle on essayait de lui donner des soupçons sur la femme Durand; mais il rejeta cette délation avec une énergie qui prouvait sa confiance aveugle. Pouvait-il croire en effet qu'une jeune femme douce, aimable, toujours attentive à faire valoir les charmes de la séduction, si pleine de prévenances à son égard, fût capable de commettre un attentat aussi noir que celui dont on l'avertissait de se défier ?

On a dit aussi que, dans le même temps, Devaux avait eu le dessein de se marier avec une dame veuve de Noinville, et que sa favorite, la belle tonnelière lui en avait fait des reproches. Il y avait en effet de quoi l'alarmer dans ce projet, attendu que le testament et la donation couraient risque d'être anéantis par la survenance d'enfans légitimes. Ce qu'il y a de certain, c'est que le sieur Devaux fit, le 21 novembre 1742, un second codicile, contenant quelques legs au profit de la dame de Noinville.

Le testateur mourut le lendemain de cette nouvelle disposition. Les symptômes qui accompagnèrent cette mort firent soupçonner un empoisonnement. Sur ces indices, le corps fut ouvert le lendemain, et les hommes de l'art déclarèrent que le défunt avait pris quelques médicamens corrosifs qui avaient causé sa mort. Il n'en fallut pas davantage pour confirmer les soupçons.

Le procureur du roi au Châtelet rendit plainte le 24 novembre 1742, se fondant sur les soupçons qui s'étaient élevés sur le genre de mort du sieur Devaux ; et, pour en découvrir la cause et la constater, il requit que le corps du défunt fût visité par les médecins et chirurgiens du Châtelet, et qu'il en fût informé.

La visite requise fut ordonnée et exécutée. Les médecins et chirurgiens du Châtelet déclarèrent qu'ils avaient trouvé l'estomac gangrené, et en dedans plusieurs excoriations et taches noires, et le velouté détruit; d'où ils conclurent que Devaux était mort d'un poison corrosif.

Le corps du délit ainsi constaté, on fit une information pour en découvrir les auteurs. Mais cette information parut si peu concluante au ministère public, qu'il se borna, dans ses conclusions, à en demander la continuation. Cependant la belle tonnelière, sa mère et un laquais du sieur Devaux, furent arrêtés.

On entendit deux nouveaux témoins. L'un d'eux, nommé André Boisval, épicier droguiste, déclara que le tonnelier Durand était venu lui acheter de l'arsenic pour des rats. Mais, dans son récolement, ce témoin changea plusieurs circonstances notables; il avait dit d'abord qu'il avait vendu au tonnelier Durand *une once d'arsenic;* et dans le récolement c'était *une demi-once de sublimé corrosif.*

On a prétendu que ce témoin fut confondu par l'accusée à la confrontation, et que cette circonstance aurait manifesté son innocence,

si cette confrontation eût été fidèlement ré-
digée. Mais, à cette époque, le greffier du
Châtelet était ce Marot que ses infâmes pré-
varications firent condamner dans la suite aux
galères. A la faveur de la trop grande confiance du juge, il mettait son ministère à
prix. Il ne rougit pas, disait-on, de faire offrir à la belle tonnelière, moyennant une
somme d'argent, ce qu'il appelait *une bonne
tournure*. Mais l'accusée, qui ne voulait devoir
sa justification qu'à son innocence, rejeta
avec indignation cette proposition. Marot,
confus d'avoir inutilement découvert sa scélératesse, devint le plus cruel ennemi de la
femme Durand. Aussi depuis ce temps-là lui
fit-il éprouver toutes les humiliations que lui
dictait son ressentiment. Quand on interro-
geait cette femme, il affectait de la confondre
avec les scélérats qui devaient, le jour même,
être traînés au dernier supplice. Mais, ces actes
de barbarie ne lui suffisant pas pour assouvir
sa vengeance, il fit tout ce qu'il put pour la
faire paraître criminelle, en supprimant, dans
la procédure, ce qui était à sa décharge ; et
c'est ce qu'il avait fait, disait-on, dans la ré-

daction de la confrontation avec Boisval.

On observait encore, relativement à ce dernier, que la crainte d'être poursuivi comme faux témoin et la conviction intérieure de son crime lui avaient fait prendre la fuite, sans que l'on sût ce qu'il était devenu.

Quoi qu'il en soit, ce fut sur le témoignage de ce Boisval que le tonnelier Durand fut arrêté. Le mari et la femme furent détenus en prison pendant une année, pour un plus ample informé. L'année révolue, aucune nouvelle charge n'étant survenue, ils furent relâchés, à la charge par eux de se représenter quand ils en seraient requis.

A cette procédure criminelle se joignit une procédure civile qui fut longue et animée. Les héritiers collatéraux du sieur Devaux attaquèrent le testament qui constituait la femme Durand légataire universelle, et la donation qu'elle s'était fait adjuger de la rente de 1200 livres, et eurent gain de cause. Il y eut des appels de part et d'autre. Enfin, en 1765, plus de vingt ans après, la femme Durand ayant invoqué la prescription, pour réclamer l'exécution du testament de Devaux, fut déclarée non recevable et condamnée aux dépens. La question d'indignité fut jugée contre elle. Suspecte d'avoir empoisonné son bienfaiteur, elle était indigne de recueillir ses bienfaits.

CONDAMNATION D'UN INNOCENT,

ET SA JUSTIFICATION TARDIVE.

Quand on parcourt les procès célèbres, on ne peut s'empêcher de déplorer les malheurs occasionés par la faillibilité de la justice des hommes. Que d'indices trompeurs, que de faux témoignages, que d'innocens condamnés à la place des coupables! Les histoires tragiques de d'Anglade, de Lebrun, de Calas, de Montbailly, et de tant d'autres infortunés, en nous assurant de cette triste vérité, sont autant de leçons terribles pour les juges, et leur apprennent avec quelles précautions ils doivent se servir du glaive de la justice.

La cause dont nous allons parler réunit des circonstances peut-être encore plus cruelles.

On y voit non seulement l'innocent puni à la place du coupable, mais c'est le coupable qui, par une impudence sans exemple, a appelé le châtiment des lois sur la tête de son ennemi, et a poursuivi lui-même sa condamnation. Les magistrats, trompés, séduits, entraînés par l'apparente sécurité du criminel, ont cru voir l'innocence, là où il n'y avait que de l'audace; tandis qu'ils ont cru devoir imputer le crime, et en faire porter la peine à un homme qui n'était que modeste et imprudent. Cette cause, déjà intéressante par ses différentes circonstances, le devient encore davantage par la qualité des parties. L'innocent et le coupable étaient prêtres, et présentaient un spectacle déplorable comme l'histoire de l'abbé des Brosses, que l'on verra plus loin.

Le sieur Risch, homme simple de caractère et de mœurs, et d'une bonté excessive, était curé de la paroisse de Saint-Simplice de Metz. Sur la fin de mars 1744, le sieur Louys fut nommé vicaire de la même paroisse. Une physionomie prévenante, des talens pour la chaire, prévinrent favorablement le curé, et le firent passer facilement sur l'inconvénient de sa trop grande jeunesse; ce pasteur eut la malheureuse imprudence de confier à ce jeune ecclésiastique les fonctions de vicaire dans sa paroisse. Il expia bien cruellement sa trop grande confiance.

On ne tarda pas à s'apercevoir du goût du sieur Louys pour la débauche : on remarqua qu'il avait des relations très-fréquentes avec une jeune personne appelée Barbe Marchand. Cette fille, alors âgée de vingt ans, était sa pénitente, et vivait avec sa mère et sa tante, du travail de ses mains. Lorsqu'il eut conduit cette liaison à son dernier période, les lieux les plus sacrés, l'église, le confessionnal, la chambre du sieur Louys, furent tour-à-tour témoins de leurs entretiens secrets; le cimetière même, qui semble ne devoir rappeler que des idées lugubres, le cimetière fut souvent le lieu de leurs rendez-vous amoureux. Le vicaire porta ses indécentes complaisances jusqu'à conduire sa maîtresse au bal, déguisé comme elle, avec des habits loués chez les juifs. Cette liaison causait le plus grand scandale. Barbe Marchand devint plusieurs fois enceinte. On prévint à diverses reprises le bon curé de tous ces désordres et des effets fâcheux qu'ils produisaient sur les esprits. Mais le sieur Risch, que sa candeur empêchait de croire au crime, rejeta long-temps comme d'infâmes calomnies, les rapports qu'on lui faisait à cet égard. L'évidence vint enfin l'éclairer; il ne put se refuser au témoignage de ses yeux. Toutefois la douceur de son caractère, la bonté de son cœur ne l'abandonnèrent pas non plus dans cette circonstance. Il parla à son jeune vicaire avec des entrailles de père, l'engagea à revenir dans la voie de la vertu, et fit tout ce qu'il put pour couvrir d'un voile les écarts de ce jeune homme, et le préserver des mesures sévères que pouvait prendre à son égard l'autorité ecclésiastique.

Sans doute cette excessive tolérance manquait de justice et de discernement; elle était même coupable, mais avec d'excellentes intentions. On ne pouvait donc regarder le bon abbé Risch comme un criminel.

Long-temps ce bon homme sut retenir l'interdit qui menaçait son vicaire. Mais, soit sur la demande de plusieurs autres ecclésiastiques, soit d'après la rumeur publique, une procédure fut commencée. On trouva sans peine les preuves des faits articulés. On apprit même que Barbe Marchand, qui l'accusait de séduction, n'avait pas été le seul objet de la passion de l'abbé Louys, et que plusieurs autres femmes s'étaient partagé son cœur et ses hommages.

Cependant, par suite de sollicitations, la procédure criminelle fut suspendue. Le sieur Risch lui-même fit encore un dernier effort pour être utile à son jeune vicaire, qui, du reste, avait pris l'engagement de se retirer dans un lieu régulier, pour y reprendre l'esprit de son état.

Après l'exposé rapide de ces principaux faits, personne ne pourra croire qu'ils aient pu retomber à la charge du vénérable curé; que le sieur Louys ait pu traîner ce vieillard de cachots en cachots, de tribunaux en tribunaux; que, victime d'une longue captivité, cet homme se soit vu dépouillé de son patrimoine et de ses bénéfices, condamné à des peines infamantes, et paralysé de tous ses membres par suite de l'humidité des prisons où il avait langui long-temps.

Le sieur Risch, avant d'avoir été curé, avait été chargé, par l'évêque de Metz, de veiller, dans la ville, au strict maintien de la discipline ecclésiastique. Ses soins réussirent, mais ils lui attirèrent beaucoup d'ennemis. Les sages précautions de l'évêque révoltèrent tous ceux dont elles découvraient les désordres. Ils en voulurent au sieur Risch de s'être prêté à faire exécuter un règlement favorable aux mœurs et à la religion. Tous les ennemis de l'évêque devinrent les siens; ils formèrent une cabale puissante, qui ne manqua pas d'embrasser secrètement comme sienne la cause du jeune vicaire. Louys, assuré de cette protection, osa concevoir le dessein de faire de la justification même du curé le sujet d'une accusation en diffamation calomnieuse. Tout-à-coup le sieur Risch reçoit un décret d'ajournement personnel. Il était loin d'imaginer que le sieur Louys pût porter aussi loin l'impudence et la témérité. Fort de son innocence, il se présente aux juges; mais à la manière dont il est interrogé, il s'aperçoit que sa perte est jurée. Bientôt on le décrète de prise de corps. Pour se soustraire à cet acte tyrannique, il se retire à l'abbaye de Vadgave dans le comté de Nassau, et par conséquent hors du royaume; ses ennemis découvrent sa retraite, le font enlever violemment au mépris du droit des gens, et transférer dans les prisons de Metz, où il est mis au secret et traité avec une dureté barbare, tandis que son coupable accusateur jouissait de la plus grande liberté. Il se passa deux mois sans que le sieur Risch fût interrogé.

Enfin, après différentes formalités judiciaires, l'official, obligé de prononcer sur l'accusation du sieur Risch, d'après une procédure faite uniquement à sa charge, rendit, le 29 avril 1749, un jugement qui le déclara atteint et convaincu d'avoir occasioné, par ses discours inconsidérés et téméraires et ses démarches imprudentes, les bruits diffamans et scandaleux causés par l'accusation de Barbe Marchand contre le sieur Louys; pour raison de quoi il le condamna à se retirer dans un séminaire, où pendant trois mois il serait suspendu des fonctions de son ministère.

Après ce jugement, le sieur Risch fut transféré des prisons de l'officialité dans celle de la Conciergerie, où son père même ne put avoir la liberté de le consoler. Ce vieillard respectable, à l'âge de quatre-vingts ans, ne pouvait cependant que mêler ses larmes avec celles de son malheureux fils.

Cette déplorable affaire était devenue le

sujet de toutes les conversations. Tous ceux qui en parlaient la jugeaient selon leur cœur. Le bruit courut que, l'inceste spirituel devant être puni par le feu, le sieur Risch en éprouverait le supplice, les lois ayant déterminé contre le calomniateur la peine du talion. Sa famille en fut alarmée; elle en porta ses plaintes au roi et au chancelier, qui, après s'être fait rendre compte de cette affaire, écrivit qu'on ne prononçât aucune peine afflictive contre l'accusé sans l'en avoir prévenu. Quelques jours après, le procureur-général donna ses conclusions définitives; elles tendaient à faire condamner le sieur Risch, comme calomniateur, à faire amende honorable aux principales portes du palais, de l'église cathédrale et de sa paroisse, conduit par l'exécuteur de la haute justice, et aux galères perpétuelles. Ces mêmes conclusions vouaient Barbe Marchand à être pendue comme calomniatrice.

Cependant le sieur Risch avait demandé d'être admis à la preuve de ses faits justificatifs. Il obtint cette grâce; mais il fut ordonné que la preuve serait faite à ses dépens; et, par une suite de manœuvres inconcevables,

quand vint le moment d'entendre les témoins,
ceux sur le témoignage desquels le sieur
Risch fondait l'espoir de sa justification disparurent ; on n'entendit que ceux dont on avait
acheté la discrétion. Pour comble de suggestion , des huissiers , que leur office tenait aux
portes de la chambre où les témoins devaient
être entendus, les exhortaient, à mesure qu'ils
entraient, à déclarer qu'ils n'avaient rien vu
ni entendu. On y ajouta la menace de faire
punir comme faux témoins ceux qui, ayant
déjà été entendus dans les informations faites
par le sieur Louys, varieraient dans leurs dépositions.

L'arrêt définitif fut rendu le 23 décembre 1749. Barbe Marchand fut condamnée à
être fouettée, marquée et bannie du royaume
à perpétuité. Le sieur Risch fut, comme elle,
condamné au bannissement perpétuel ; leurs
biens furent acquis et confisqués au profit de
qui il appartiendrait, avec amende de six mille
livres au profit du sieur Louys.

Cet arrêt fut exécuté contre Barbe Marchand; mais le sieur Risch fut laissé dans les
prisons, parce que le sieur Louys devait l'y
faire écrouer le surlendemain des fêtes de

Noel, faute du paiement des six mille livres. On savait bien que ce n'était pas lui qui était débiteur de cette somme, et qu'elle devait être prise sur la confiscation; mais on voulait empêcher le sieur Risch d'aller réclamer l'autorité du roi, et demander à sa justice la vengeance de tant de persécutions.

On exécuta la confiscation par la vente de tous ses biens et effets. On poussa l'inhumanité jusqu'à le dépouiller dans les prisons des vêtemens les plus nécessaires; on le priva des meubles de la moindre valeur; on lui retira jusqu'à sa calotte et son bonnet de nuit. On le dépouilla de sa cure, et, après l'avoir réduit ainsi à la plus affreuse misère, on le retint encore prisonnier. Les temps qui suivirent ne furent pas moins cruels que ceux qui avaient précédé sa condamnation; l'obscurité, l'infection, l'humidité des cachots où il était enfermé, tout contribua à lui enlever le seul bien qui lui restât encore, la santé.

Heureusement il survécut à tant d'opprobre et de cruautés pour voir son innocence reconnue, et son calomniateur justement puni de son ingrate scélératesse; le sieur Risch se pourvut en cassation. Par un premier arrêt du conseil, les premieres procédures furent rapportées , et par un second, le procès fut renvoyé au grand conseil.

La sortie du sieur Risch des prisons fut un nouvel outrage qu'il reçut de ses ennemis; on eut soin de ne l'en tirer qu'à l'issue des audiences; le jour et l'heure étaient indiqués; le peuple était rassemblé en foule. Le prisonnier fut transféré à Paris.

Alors l'affaire prit bientôt une autre face. Le grand conseil ordonna de nouvelles informations, de nouveaux monitoires; plus de quatre cents témoins furent entendus. D'après les charges que renfermaient leurs dépositions, le sieur Louys, qui avait suivi son prisonnier, et qui s'était présenté à ses juges avec cette audace que le crime donne et qui ne devrait appartenir qu'à l'innocence, fut décreté de prise de corps et renfermé dans les mêmes prisons que sa malheureuse victime.

Cette fois la lumière jaillit des informations, des dépositions des témoins; il fut avéré, reconnu que Louys avait violé de la manière la plus scandaleuse la principale vertu de son ministère, la chasteté; qu'il avait abusé des sacremens pour séduire et plonger dans la débauche une jeune personne; que, par la plus noire calomnie, il avait fait perdre à son curé ses biens et sa santé; qu'enfin il l'avait accablé de vexations de tous genres.

Ces différens motifs déterminèrent le grand conseil; et, par arrêt du 20 mars 1753, le sieur Risch fut déchargé de l'accusation; le sieur Louys condamné à un bannissement perpétuel hors du royaume, à la confiscation de tous ses biens, après avoir prélevé sur eux une somme de dix mille livres de dommages-intérêts en faveur du sieur Risch.

CARTOUCHE ET MANDRIN.

C'est uniquement pour mémoire que nous indiquons ici ces deux fameux patrons du brigandage érigé en profession. Il y a peu d'intérêt à lire les méfaits quotidiens de ces hommes et de leurs semblables, qui, en hostilité permanente avec la société, et violant par état toutes ses conventions, toutes ses lois, se sont fait un métier du crime, et, incapables de repentir, n'ont jamais envisagé la peine qui les attend tôt ou tard que comme un châtiment de leur maladresse. En conséquence, nous nous étions proposé d'abord de passer sous silence les tristes exploits de ces dégoûtans héros de gibet; mais les noms de Cartouche et de Mandrin sont entourés d'une renommée si ignominieusement proverbiale, que la crainte du reproche de les avoir oubliés dans la *Chronique du crime* nous oblige d'accorder quelques lignes à ces scélérats.

Louis-Dominique Cartouche, né à Paris vers la fin du dix-septième siècle, manifesta dès l'enfance son funeste penchant pour le vol. Ses larcins le firent chasser du collége, et ensuite de la maison paternelle. Il fit son apprentissage avec une troupe de voleurs qui infestait la Normandie, et revint bientôt à Paris, où il se mit à la tête d'une troupe de bandits, sur lesquels il eut l'art de se ménager un pouvoir sans bornes. Dès lors on n'entendit plus parler dans Paris que de vols et d'assassinats.

Cartouche avait tant d'adresse, qu'il échappait toujours aux poursuites de la justice; de sorte qu'une récompense fut promise à ceux qui pourraient le livrer aux magistrats.

Enfin il fut arrêté dans un cabaret de la Courtille, le 14 octobre 1721. On le renferma dans un profond cachot du Châtelet, d'où il parvint encore à s'échapper; mais heureusement qu'il fut repris sur-le-champ. Son procès dura quelque temps : la justice tenait beaucoup à connaître les affidés de ce chef redoutable. Cartouche fut condamné à être rompu vif, et exécuté en place de Grève, le 28 novembre 1721.

Dans les angoisses de la question, il avait refusé constamment de nommer ses complices ; mais en arrivant à l'Hôtel-de-Ville, voyant que ses gens n'étaient pas là pour le secourir, il fit l'aveu de tous ses brigandages, et nomma ses suppôts, qui furent presque tous arrêtés.

Louis Mandrin, né à Saint-Étienne de Saint-Geoire, village près la côte Saint-André en Dauphiné, était fils d'un maréchal-ferrant. Il s'enrôla de très-bonne heure; mais bientôt, fatigué des assujettissemens continuels du métier de soldat, il déserta, et se mit à exploiter, à main armée, les voyageurs, sur les grandes routes. La fausse monnaie et la contrebande furent aussi deux branches d'industrie pour Mandrin et compagnie. Devenu chef d'une bande de brigands, il exerçait un grand nombre de violences, commettait des assassinats, et, tenant souvent tête aux troupes envoyées à sa poursuite, il était devenu la terreur des pays qu'il infestait.

On le poursuivit pendant plus d'une année sans pouvoir le prendre. Enfin on le trouva caché sous un amas de fagots dans un vieux château dépendant du roi de Sardaigne, d'où on l'arracha, malgré l'immunité du territoire étranger, sauf à satisfaire au roi Sarde pour cette espèce d'infraction.

Mandrin fut condamné à mourir sur la roue, le 24 mai 1755, par la chambre criminelle de Valence; et cet arrêt fut exécuté le lendemain.

Ce scélérat avait une physionomie intéressante, le regard hardi, la répartie vive et l'élocution facile.

FIN DU DEUXIÈME VOLUME.

TABLE

DU DEUXIÈME VOLUME.

FIN DE LA TABLE DU DEUXIÈME VOLUME.